Comment tirer
le meilleur de soi

Catalogage avant publication de Bibliothèque
et Archives nationales du Québec et Bibliothèque
et Archives Canada

Cameron, Milton
    Comment tirer le meilleur de soi
    2ᵉ édition
    (Collection Croissance personnelle)
    Publ. à l'origine dans la coll.: Collection
    Psychologie. c2008.
    ISBN 978-2-7640-1705-0
    1. Changement (Psychologie). 2. Gestion de soi.
3. Introspection. 4. Réalisation de soi. I. Titre. II. Collection: Collection Croissance personnelle.
    BF637.C4C352 2011   155.2'4   C2011-940267-X

© 2011, Les Éditions Quebecor pour la présente édition
Une compagnie de Quebecor Media
7, chemin Bates
Montréal (Québec) Canada
H2V 4V7

Dépôt légal: 2011
Bibliothèque et Archives nationales du Québec

Pour en savoir davantage sur nos publications,
visitez notre site: www.quebecoreditions.com

Éditeur: Jacques Simard
Conception de la couverture: Bernard Langlois
Illustration de la couverture: GettyImages

Imprimé au Canada

Gouvernement du Québec – Programme de crédit d'impôt pour l'édition
de livres – Gestion SODEC.

L'Éditeur bénéficie du soutien de la Société de développement des entreprises culturelles du Québec pour son programme d'édition.

Nous reconnaissons l'aide financière du gouvernement du Canada par
l'entremise du Fonds du livre du Canada pour nos activités d'édition.

DISTRIBUTEURS
EXCLUSIFS:

• Pour le Canada et les États-Unis:
  MESSAGERIES ADP*
  2315, rue de la Province
  Longueuil, Québec J4G 1G4
  Tél.: (450) 640-1237
  Télécopieur: (450) 674-6237
  * une division du Groupe Sogides inc.,
  filiale du Groupe Livre Quebecor Média inc.

• Pour la France et les autres pays:
  INTERFORUM editis
  Immeuble Paryseine, 3, Allée de la
  Seine
  94854 Ivry CEDEX
  Tél.: 33 (0) 4 49 59 11 56/91
  Télécopieur: 33 (0) 1 49 59 11 33

  **Service commande France
  Métropolitaine**
  Tél.: 33 (0) 2 38 32 71 00
  Télécopieur: 33 (0) 2 38 32 71 28
  Internet: www.interforum.fr

  **Service commandes Export –
  DOM-TOM**
  Télécopieur: 33 (0) 2 38 32 78 86
  Internet: www.interforum.fr
  Courriel: cdes-export@interforum.fr

• Pour la Suisse:
  INTERFORUM editis SUISSE
  Case postale 69 – CH 1701 Fribourg
  – Suisse
  Tél.: 41 (0) 26 460 80 60
  Télécopieur: 41 (0) 26 460 80 68
  Internet: www.interforumsuisse.ch
  Courriel: office@interforumsuisse.ch

  Distributeur: OLF S.A.
  ZI. 3, Corminboeuf
  Case postale 1061 – CH 1701 Fribourg
  – Suisse

  Commandes: Tél.: 41 (0) 26 467 53 33
  Télécopieur: 41 (0) 26 467 54 66
  Internet: www.olf.ch
  Courriel: information@olf.ch

• Pour la Belgique et le Luxembourg:
  INTERFORUM BENELUX S.A.
  Fond Jean-Pâques, 6
  B-1348 Louvain-La-Neuve
  Tél.: 00 32 10 42 03 20
  Télécopieur: 00 32 10 41 20 24

Milton
Cameron

Comment tirer le meilleur de soi

Changez de peau et devenez ce que vous avez toujours rêvé d'être!

2e édition

LES ÉDITIONS
Quebecor
Une compagnie de Quebecor Media

Introduction

Être et devenir: comment? pourquoi?

Oser tirer le meilleur de soi, oser se vivre différemment, exige que l'on croie en soi et que l'on passe à l'action. Cela exige aussi de la persévérance, d'accepter de ne pas démissionner à la première difficulté ou au premier insuccès. Personne ne peut réussir à instaurer quelque chose de nouveau, de solide et de durable sans y avoir consenti temps et énergie, sans avoir eu peur et contrôlé ses peurs, sans avoir connu le doute et réussi à le surmonter. Si vous voulez vraiment parvenir à tirer le meilleur de vous, voilà les idées maîtresses qui vous guideront.

Si la confiance se transmet affectivement par nos parents et nos éducateurs dès l'enfance, et qu'elle grandit en nous sans que nous ayons d'efforts à faire, une fois perdue, il nous faudra replonger en nous pour trouver de nouvelles facettes avec lesquelles il sera possible d'établir en quelque sorte de nouveaux liens affectifs qui feront renaître en nous l'estime de soi, puis la confiance en soi.

Réfléchir sur soi

Vous devrez donc réapprendre la façon de vous percevoir; vous devrez commencer par vous mesurer, vous soupeser, vous évaluer de façon la plus objective possible afin d'être en mesure d'apporter les correctifs qui vous permettront de tirer le meilleur de vous-même. Bien sûr, on peut s'interroger sur l'intérêt de faire un bilan de sa vie avant d'entreprendre quelque changement que ce soit. Toutefois, réfléchir sur soi nous éclaire sur nos motivations et nos schémas de fonctionnement et nous permet de comprendre les raisons pour lesquelles nous nous retrouvons là où nous sommes aujourd'hui. Quelles croyances, quelles valeurs, quelles qualités, quels travers avons-nous adoptés et portés jusqu'à aujourd'hui ? Avons-nous fait le choix délibéré de les assumer, ou nous ont-ils été imposés par des gens ou des événements ?

Toutes ces questions ont pour but de rendre claires et nettes les raisons cachées qui ont influencé notre vie jusqu'à présent. Et ce chemin que nous avons suivi, l'avons-nous aimé ? Quel événement accepterions-nous de revivre et quel autre détesterions-nous voir recommencer ? Quelles leçons retirons-nous de la somme de nos expériences ? Avons-nous eu quelquefois le sentiment d'être en harmonie avec nous-mêmes et notre environnement et notre entourage ? Quels objectifs visions-nous lorsque nous étions jeunes ? Quels rêves entretenions-nous ? Avons-nous atteint les premiers ? Nourrissons-nous toujours les seconds ? Voilà ce à quoi nous nous intéresserons, avec, toujours en filigrane, les gestes à faire pour être en mesure, aujourd'hui, de tirer le meilleur de soi.

L'estime de soi, essentielle pour réussir à tirer profit de son potentiel, englobe beaucoup plus d'aspects qu'on ne le laisse généralement entendre. La santé physique et la santé psychologique, par exemple, sont des facettes dont on sous-estime trop souvent l'importance. Ainsi, si vous n'êtes pas en forme physiquement et psychologiquement, croyez-vous vraiment que vous serez en mesure de tirer le meilleur de vous-même ? Poser la question, c'est y répondre. C'est pourquoi nous consacrerons les deux premiers chapitres de cet ouvrage à ces aspects. Par la suite, nous en aborderons d'autres comme les habitudes, les comportements établis, nos choix, nos motivations, nos rapports avec les autres, afin de dresser une véritable cartographie de ce que vous êtes et de ce que vous devrez faire pour développer une confiance en vous solide et dynamique.

En d'autres mots, nous ne nous contenterons pas d'essayer d'instiller des changements superficiels, car il ne s'agirait alors que de poudre aux yeux, nous vous inviterons plutôt à une véritable exploration de ce que vous êtes vraiment. Alors, si vous décidez de changer réellement, si vous décidez que vous voulez vraiment tirer le meilleur de vous, les gestes que vous ferez alors pourront s'appeler changement.

Chapitre 1

Comment garder la forme

S i vous avez l'intention de tirer le meilleur de votre personne, il est primordial de consacrer un minimum de temps à l'entretien et à l'entraînement de votre corps. On en entend d'ailleurs parler partout, que ce soit dans les magazines, les journaux et à la télévision. La santé est devenue une véritable mode au cours des dernières années. De plus en plus d'individus réalisent que la forme physique est un aspect primordial d'une vie saine et productive.

Trop d'entre nous sont considérés comme sédentaires. La plupart des travailleurs utilisent leur voiture pour se rendre au travail, et rares sont ceux qui sortent leur vélo ou qui ont la chance (ou le courage!) de s'y rendre à pied. Nous passons le plus clair de nos journées assis à notre bureau où, informatique et télécommunications obligent, nous devenons de moins en moins actifs. Et c'est sans compter la popularité grandissante d'Internet, des jeux vidéo et des ordinateurs, qui nous font passer le plus clair de notre temps assis devant des écrans.

Les spécialistes s'entendent pour dire que les effets de la sédentarité sont extrêmement néfastes sur notre santé. En fait, il serait aussi nuisible pour la santé d'être sédentaire que de consommer un paquet de cigarettes par jour! D'ailleurs, est-il nécessaire de le dire : les gens qui ne sont pas en forme font face à de nombreux problèmes. Ils ont de la difficulté à se lever le matin, ont peu ou pas d'appétit, ont des problèmes de sommeil et ont du mal à reprendre leur souffle après avoir utilisé les escaliers.

Travaillez au maintien de votre santé physique et sexuelle

S'assurer d'être en santé, c'est donc faire le choix d'être plus efficace, d'avoir plus d'énergie à sa disposition et d'être mieux dans sa peau. Notre corps est notre véhicule et, tout comme notre voiture, il faut en prendre soin. Si notre corps est en mauvais état, il est impossible de suivre la cadence. En travaillant au maintien de notre forme physique, nous contribuons donc à maximiser l'intensité et la durée de notre vie active. Faire des efforts pour garder et améliorer notre santé physique constitue donc la base d'une vie saine.

Pour beaucoup, être en santé rime avec sport et performance. Ils font erreur. Vous n'avez pas besoin de vous transformer en athlète de calibre international pour être en santé. Ce n'est pas l'exercice de haute intensité qui est le plus bénéfique pour notre corps à long terme, mais bien la pratique régulière et fréquente d'activités physiques. Évoquer la mise en forme, ce n'est pas parler de privation et de longues soirées passées à trimer dur dans un gymnase.

Il existe beaucoup de manières intéressantes et faciles pour se remettre en forme; d'ailleurs, l'activité physique peut être un passe-temps très agréable. Il suffit de choisir un sport qui nous ressemble et dans lequel nous sommes à l'aise. Ce n'est pas la difficulté rattachée à une activité physique qui en fait sa valeur. Le simple fait de bouger est suffisant pour contribuer à notre santé. Si vous consacrez 30 minutes par jour à l'exercice physique, vous serez considéré comme une personne active.

Bien sûr, si vous n'avez jamais pratiqué de sport, il est tout à fait normal d'être rebuté par cet univers. Oubliez ces athlètes musclés que vous voyez à la télévision. Il existe en effet de nombreuses activités visant divers groupes d'individus et, peu importe votre âge ou votre niveau de santé actuel, vous trouverez sans peine celle que vous aurez plaisir à pratiquer. En regagnant la forme ou en la maintenant, c'est votre qualité de vie que vous améliorerez.

On ne le dit jamais assez: une foule de maladies sont causées par un manque d'inactivité physique. Les gens sédentaires auront tendance à développer des problèmes d'articulation, de posture et feront aussi de l'embonpoint, ce qui provoquera l'apparition d'autres maladies plus sévères. En outre, les risques ne feront que s'accroître en vieillissant, et les choses empireront.

De plus en plus d'études démontrent que les gens très actifs physiquement vieillissent moins rapidement et ont moins de chances de se briser un membre lors d'une chute que ceux qui sont sédentaires. Leurs os plus solides et leur masse musculaire développée sont là pour absorber les chocs. Les personnes en excellente forme physique sont aussi plus résistantes aux maladies et ont tendance à guérir plus vite, car leur corps est mieux armé et préparé pour combattre les maladies. En outre, l'activité physique contribue à hausser les niveaux de bon cholestérol dans votre corps; votre pression sanguine sera alors moins élevée et vos os seront en meilleure santé.

Et que dire de notre vie sexuelle? On l'oublie trop souvent, mais notre santé physique a un lien direct avec celle-ci. En effet, être en forme contribue à nourrir notre désir et notre appétit sexuel, et lorsque nous sommes actifs sexuellement, nous dépensons beaucoup plus d'énergie. Des études américaines ont par ailleurs démontré que bon nombre de dysfonctions d'ordre sexuel se règlent d'elles-mêmes lorsque les victimes de ces maux décident de faire une heure d'exercice par jour.

Être en forme touche donc à plusieurs aspects de notre vie. Notre apparence physique est affectée par notre poids et la quantité de cellules graisseuses que nous portons, et notre énergie est affectée par l'état de notre cœur et notre pression sanguine. De plus, nombre de maladies peuvent être guéries et, surtout, évitées si nous faisons l'effort de demeurer actifs. N'attendez donc pas d'être malade pour commencer une routine d'entraînement.

Changez d'humeur

Vous arrive-t-il d'être déprimé? Nombre d'entre nous sont aux prises avec des troubles de l'humeur. On n'a pas besoin de faire une dépression pour se sentir fatigué et dépassé par les événements.

Si vous avez eu une journée difficile et que vous vous sentez angoissé ou nerveux, sortez vos espadrilles et allez marcher quelques minutes. Lorsque votre corps est actif, votre esprit est aussi sollicité à sa manière. Vous constaterez, à votre retour, que l'ampleur de vos problèmes aura diminué et qu'il vous sera plus facile de les affronter et de les résoudre. L'activité physique agit de la même manière qu'une drogue ou un médicament censé contribuer à votre bien-être, mais ici, c'est grâce aux substances naturelles que votre corps produit lorsque vous êtes actif que votre humeur est positivement affectée.

Le simple fait de bouger fait d'ailleurs parfois des miracles. Les gens très stressés consacrent plus souvent qu'autrement beaucoup de temps à penser à leurs problèmes. En revanche, la pratique d'une activité physique leur permet, d'une part, de fixer leur esprit sur autre chose que sur leurs problèmes et, d'autre part, d'apprendre à gérer leur stress de façon naturelle.

L'exercice physique peut aussi vous aider à réduire votre agressivité. Si vous avez un caractère colérique ou que des éléments de votre vie vous mettent en colère, canalisez cette énergie dans une activité à haute intensité. Courez en forêt, inscrivez-vous à un gymnase de boxe ou de lutte gréco-romaine! Peu importe l'activité physique que vous décidez de pratiquer, vous constaterez qu'elle aura un effet positif sur vous et que votre stress ou votre agressivité aura tendance à diminuer, voire à disparaître complètement.

De plus en plus d'études scientifiques confirment le lien qui existe entre l'exercice et la bonne humeur. Ainsi, on a pu démontrer qu'il était possible de guérir la dépression en intégrant le sport à un traitement médical traditionnel.

L'activité sportive est également un moyen efficace de combattre la fatigue, même si cela peut sembler paradoxal de prime abord. La plupart du temps, les gens affirment avoir envie de pratiquer une activité physique, mais ils se disent trop fatigués pour le faire. Leurs journées de travail les épuisent et, une fois à la maison, ils ont envie de se détendre, pas de bouger. Pourtant, c'est en étant actifs que notre corps parvient à nous fournir plus d'énergie. Notre corps s'adapte. Ainsi, plus vous bougerez, plus vous aurez d'énergie pour bouger. Du coup, votre corps deviendra de plus en plus efficace. Si vous faites l'effort de pratiquer un minimum de sport ou d'activité physique tous les jours, vous constaterez que vous serez moins fatigué même après de longues journées de travail.

En outre, «pratiquer un sport» rime souvent avec «relever des défis». Si vous faites de la course à pied, vous aurez envie de toujours courir plus loin. Au départ, vous aurez probablement de la difficulté à courir 5 kilomètres sans vous fatiguer. Avec un peu d'entraînement, vous pourrez courir 10 ou même 20 kilomètres sans problème. Beaucoup de coureurs ont d'ailleurs commencé leur carrière de marathoniens en courant dans leur quartier, simplement pour le plaisir. Et, à force de s'améliorer, ils ont eu envie de repousser leurs propres limites. En ce sens, la pratique d'une activité sportive est un excellent moyen d'apprendre à surmonter les difficultés de la vie. Lorsque quelque chose semble difficile, les sportifs aguerris savent qu'il faut parfois travailler pour arriver à ses fins.

Vous avez donc à votre disposition un moyen simple et gratuit de contribuer à votre bien-être. Imaginez, vous pouvez chasser ou réduire considérablement votre stress, votre anxiété et une foule d'autres émotions négatives, et devenir plus en contrôle de votre vie simplement en bougeant un peu!

Transformez tout ce que vous faites en exercice

Si vous n'avez aucun intérêt pour les sports, vous avez à votre disposition une foule de petits exercices faciles à faire. Il suffit d'un peu d'imagination et de bonne volonté pour transformer votre vie de tous les jours en mini-entraînement. D'ailleurs, dans les gymnases, beaucoup d'appareils sont conçus pour simplement imiter des actions que nous faisons quotidiennement. Ainsi, certains servent à simuler la marche, d'autres celui du mouvement que l'on fait lorsque l'on gravit des escaliers. Il n'appartient donc qu'à vous de saisir les nombreuses possibilités que vous offrent vos activités quotidiennes pour maximiser votre forme et, du coup, votre santé; voici quelques exemples.

- Laissez de côté votre voiture. Elle a beau être très pratique, elle ne vous fait pas faire d'exercice. Trop d'entre nous en abusent; on s'en sert à tout moment, même lorsqu'il est tout à fait possible de faire le trajet à pied ou à vélo. En plus d'être polluant, ce moyen de transport nuit à notre santé en limitant le nombre de pas que nous faisons tous les jours.

- Si vous voyagez en autobus, descendez quelques arrêts avant votre destination. Vous aurez ainsi la possibilité de marcher quelques minutes avant d'arriver à la maison. La marche est reconnue comme l'une des activités physiques les plus profitables pour notre corps. Procurez-vous un podomètre et calculez le nombre de pas que vous faites tous les jours. Comparez ce résultat avec celui des autres membres de votre famille ou de vos collègues du bureau. Vous serez en mesure d'évaluer vos progrès et de vous fixer des objectifs personnels ou de groupe. Ainsi, vous pourriez lancer un défi à votre famille, comme celui de faire 1 000 pas de plus par jour.

- Faites le ménage! Quand vient le temps de passer le balai ou d'épousseter votre demeure, faites-le avec entrain. Cela peut avoir l'air farfelu, mais faire le ménage est une excellente occasion de brûler des calories. On doit se pencher pour ramasser la poussière sous le lit et les commodes, on doit frotter le bain pour le faire briller, etc. Augmentez un peu le volume de la radio et laissez-vous aller.

- Au travail, choisissez les marches plutôt que l'ascenseur. Il est possible que vous trouviez cet exercice difficile les premières fois, mais continuez pendant quelques semaines. Vous serez surpris de constater que non seulement votre santé s'améliore, mais aussi que vous gravissez toutes ces marches avec une facilité grandissante.

- Sortez dehors et occupez-vous de votre terrain. Combien paient pour faire tondre leur pelouse ou déneiger leur entrée? C'est pourtant une occasion en or de sortir prendre un peu d'air tout en faisant un peu d'exercice. Préparez votre pelle ou votre tondeuse, sortez vos muscles et offrez-vous une séance d'aérobie naturelle! Vous pourriez aussi vous lancer dans le jardinage, tout au moins si vous disposez d'une petite parcelle de terrain. Transformez un coin en potager ou plantez des fleurs pour agrémenter l'aspect de votre parterre. Vous dépenserez bien quelques calories, mais surtout vous vous détendrez.

Faites-le en groupe

Beaucoup d'entre nous éprouvent de la difficulté à conserver leur motivation. Combien paient pour un abonnement dans un centre de conditionnement physique et cessent de s'entraîner après seulement quelques séances? Les bénéfices rattachés à l'activité physique ont beau être nombreux, comme la plupart d'entre eux ne se font sentir qu'après quelques mois de travail ou sont tout simplement difficiles à déceler, plusieurs personnes cèdent au découragement.

Il existe toutefois un excellent moyen de contribuer à maintenir sa motivation: faire du sport en groupe. Incitez vos amis et votre famille à se joindre à vous. Il est plus stimulant de pratiquer des sports où vous aurez la chance de rencontrer des gens et de partager avec eux ces moments d'activité. D'une part, si vous manquez à l'appel, plusieurs personnes seront là pour vous le signaler et vous rappeler à l'ordre. D'autre part, c'est souvent le plaisir de retrouver vos amis qui prend le dessus sur l'activité physique en tant que telle. Dès lors, vous ne percevrez plus les activités ou les exercices comme une corvée.

De plus en plus de possibilités s'offrent à ceux qui n'aiment pas s'entraîner seuls. Par exemple, on retrouve une foule d'organismes dont l'objectif est la pratique d'activités sportives en groupe. Selon vos intérêts, vous trouverez à coup sûr un club de marche, une association de cyclistes ou une équipe de natation amateur qui seront heureux d'accueillir de nouveaux membres dans leurs rangs. Vous aurez alors non seulement *votre* activité, mais aussi l'occasion de faire des rencontres et probablement de nouer de nouvelles amitiés avec des gens qui partagent vos intérêts.

L'important est d'avoir du plaisir. Si vos amis et vous aimez vous retrouver autour d'un repas ou simplement pour discuter, il y a fort à parier que vous vous amuserez tout en pratiquant une activité sportive.

Surveillez votre poids

L'embonpoint est un des fléaux les plus répandus de notre société moderne – les chiffres sont d'ailleurs alarmants. De plus en plus de Nord-Américains en sont victimes et la plupart ont appris à vivre avec ce surplus de poids. Pourtant, c'est un problème que vous gagnerez à régler au plus vite.

Lorsque vous prenez la décision de perdre du poids, la première étape est certainement de faire des choix sur le plan de votre alimentation. Néanmoins, manger santé et réduire votre apport de calories (et de gras) ne suffit pas. Vous devez absolument faire de l'exercice physique si vous voulez perdre du poids, et ne pas le regagner par la suite. Cela dit, en général, une fois votre poids santé atteint, il est relativement aisé de le conserver.

Si vous souffrez d'embonpoint, régler ce problème devrait faire partie de vos priorités – cela devrait d'ailleurs être *la* priorité. Toutefois, il s'agit aussi d'un défi, car au moment où l'on prend la décision de se débarrasser des kilos supplémentaires, on doit éliminer un excès de poids accumulé pendant des années. La bonne nouvelle est que vous pouvez y parvenir.

Est-il nécessaire, pour vous convaincre de la nécessité de perdre du poids, de vous rappeler que votre embonpoint est généralement un excellent indicateur du risque que vous avez de contracter des maladies reliées à l'obésité ? Qu'en perdant du poids et en réduisant votre excès de gras corporel, vous contribuerez à réduire le risque de contracter une foule de maladies mortelles ? Doit-on souligner que votre surplus de poids a aussi un impact négatif sur votre aspect physique et sur la perception que vous vous faites de vous-même et que les autres se font de vous ? Si vous réussissez à éliminer votre surplus de poids, vous aurez une meilleure opinion de vous-même, serez mieux dans votre peau et saurez mieux tirer profit de votre vie.

Toutes les activités physiques n'ont pas les mêmes résultats sur votre corps, aussi est-il important de choisir celles qui maximiseront la perte de poids et l'élimination des cellules graisseuses.

Pour bouger, votre corps a besoin d'énergie. Celle-ci est stockée de différentes manières dans votre corps. Lorsque vous imposez un effort physique à votre corps, ce sont les sucres qui seront dépensés et brûlés les premiers – ceux-ci sont pratiques parce qu'ils fournissent de l'énergie à votre corps très rapidement et très efficacement. Cependant, cette dépense ne vous fera pas maigrir. Ce n'est que lorsque tous les sucres auront été brûlés et que votre corps fera appel aux graisses pour s'alimenter en énergie que vous commencerez à perdre du poids. Si votre objectif est de perdre du poids, cela signifie que vous devez d'abord faire des sports qui demandent un effort constant sur plusieurs minutes, des activités qui durent de 20 à 45 minutes et qui obligeront votre corps à s'alimenter dans vos réserves de graisses (par exemple, de la marche rapide, de la natation ou de l'aquaforme).

Surtout, vous devez être patient. Évitez les produits qui promettent des résultats instantanés et miraculeux. Certes, les gens qui perdent plusieurs kilos en très peu de temps sont souvent très fiers de leurs résultats. Toutefois, plus souvent qu'autrement, ces kilos vite perdus sont souvent vite repris ! L'idéal est de laisser le temps à votre corps de s'adapter. Allez-y en douceur, et les résultats seront tout aussi satisfaisants.

Prenons un exemple concret. Si vous modifiez vos habitudes de manière à perdre seulement 500 g de graisse par semaine, c'est 26 kilos que vous perdrez en l'espace d'un an.

L'inverse est aussi un très bon exemple ; si vous prenez 500 g toutes les semaines, vous prendrez 26 kilos en une seule année. Un homme de 110 kilos pourrait donc réduire son poids à 84 kilos sans faire de véritables efforts.

En passant, ne vous fiez pas à ce que votre pèse-personne vous dit. Si vous venez de commencer votre entraînement, vous risquez d'avoir de mauvaises surprises lorsque vous vous pèserez. Plutôt que de constater une perte de poids, il est possible que vous ayez pris quelques grammes, voire un ou deux kilos. Ne cédez pas au découragement, car cela ne signifie pas que vous n'avez pas maigri. De fait, lorsque vous sollicitez vos muscles, ils ont tendance à se développer, ce qui est d'autant plus vrai si vous avez été inactif pendant quelque temps. Comme les cellules musculaires sont plus lourdes que les cellules graisseuses, il y aura effectivement une prise de poids. Cependant, cette augmentation n'a rien de négatif, bien au contraire, puisqu'il s'agit ici du durcisse-ment de votre masse musculaire. À terme, vous constaterez que plus vous aurez de muscles, plus vous dépenserez d'éner-gie lorsque vous serez actif, ce qui vous aidera à perdre en-core plus de poids.

Si vous dépensez beaucoup de calories en bougeant tous les jours, vous pourrez aussi vous permettre quelques écarts, sans pour autant compromettre votre poids. Vous devrez tout de même être prudent et vous méfier des excès.

Ah ! Si...

Peut-être ne pratiquez-vous aucune activité parce que vous n'avez pas l'équipement ou le lieu pour la faire ? Allons, c'est un faux prétexte ! Il existe une foule d'exercices qui se prati-quent n'importe où et qui ne demandent aucune prépara-tion ni, surtout, aucun appareil. Mais peut-être n'avez-vous pas le temps ? Allons donc ! Le manque de temps est l'excuse la plus répandue pour (se) justifier de ne pas avoir fait quoi que ce soit. C'est une excuse idéale qui se prête d'ailleurs à tous les types d'activités. Si chargé soit-il, votre horaire vous offre plus de possibilités que vous ne le croyez. Il vaut d'ailleurs mieux consacrer 10 minutes par jour à l'exercice physique que de ne pas en faire du tout. Ainsi, à raison de 10 minutes par jour, vous aurez tout de même cumulé plus 1 h 10 d'exercice à la fin de la semaine. C'est un début, un bon début même.

Si vous ne disposez que de quelques minutes, profitez-en pour faire quelques redressements. Ces exercices ont la particularité de faire travailler plusieurs de vos muscles – biceps, triceps, pectoraux, dos et même abdominaux seront sollicités par cet exercice. Faites-en le plus possible et notez vos progrès chaque fois. Vous verrez qu'il est facile de doubler, voire de tripler, le nombre de redressements que l'on est en mesure de faire en l'espace de quelques semaines. Le secret est dans la régularité. Faites-en tous les jours, le matin avant de partir au travail ou en fin d'après-midi, avant le souper. L'important est de les faire.

Les redressements assis sont un autre exercice bénéfique. Trouvez-vous un endroit où fixer vos pieds et redressez votre corps en gardant les mains au niveau de la tête (attention de ne pas les placer derrière votre crâne et de tirer sur votre tête, vous pourriez alors vous blesser gravement!). Vous pouvez aussi vous procurer une corde à danser et vous exercer à sauter. La corde à danser n'est pas seulement un jeu pour les enfants, c'est aussi un moyen qu'utilisent de nombreux athlètes de haut niveau pour garder la forme. La plupart des boxeurs incluent cette activité dans leur routine d'entraînement. D'ailleurs, la corde à danser est un excellent moyen de brûler un maximum de calories en un minimum de temps.

Ne laissez pas la température ou tout autre facteur réduire la quantité de temps que vous consacrez à votre activité tous les jours. Vous devez vous fixer des objectifs et les respecter. Autrement, vous n'arriverez à rien ; vous n'améliorerez pas votre santé et votre vie, par le fait même.

Apprenez à respirer

La respiration est un moyen utilisé par votre corps pour créer de l'énergie. Vous devez donc y accorder une attention particulière lorsque vous pratiquez n'importe quel type d'activités car, en plein effort physique, il peut être difficile de bien respirer. En effet, plus les muscles sont sollicités, plus ils auront besoin d'un apport d'oxygène important pour bien fonctionner. En ce sens, la respiration est un baromètre qui vous permet de réguler l'effort que vous déployez. Si vous êtes à vélo et que vous avez de la difficulté à retrouver votre souffle, vous pédalez probablement un peu trop vigoureusement! Réglez votre rythme sur celui de votre respiration. Avec le temps, votre corps deviendra plus performant et il vous sera alors possible d'augmenter l'intensité que vous déployez.

Trop de gens croient qu'ils sont vraiment actifs lorsqu'ils sont à bout de souffle. C'est une erreur. Lorsque vous pratiquez un sport, vous devriez être en mesure d'entretenir une conversation sans problème. Si ce n'est pas le cas, vous devriez peut-être réduire la cadence. Évitez de vous pousser constamment à la limite. Votre corps s'adaptera graduellement à votre nouveau mode de vie actif et, peu à peu, vous serez en mesure de déployer plus d'efforts en étant de moins en moins essoufflé.

Prenez soin de toujours inspirer profondément en contractant les muscles de l'abdomen – il faut respirer avec le ventre plutôt qu'avec la cage thoracique. La respiration se doit aussi d'être rythmée et constante. Plus vous porterez une attention particulière à votre respiration, meilleur sera le contrôle que vous exercerez sur vos performances et plus vous aurez de plaisir à vous entraîner. N'oubliez pas qu'il est tout à fait possible de faire de l'activité physique sans souffrir; le but est de «bouger», pas de se pousser constamment au bord de l'évanouissement à force d'efforts surhumains.

Allez-y en douceur!

Peu importe votre âge ou votre condition physique, il est très important de respecter votre rythme personnel et de ne pas pousser votre corps au-delà des limites qui pourraient s'avérer dommageables pour votre santé.

Avant d'entreprendre toute forme d'exercices, il est primordial de s'échauffer pendant quelques minutes. Habituellement, 5 ou 10 minutes d'échauffement suffisent et permettent à notre corps de se préparer à bouger plus vigoureusement.

L'échauffement permet au cœur de se mettre en mode actif et aux muscles de se préparer à l'effort. Négliger l'échauffement augmente d'autant le risque de vous blesser pendant la pratique de votre sport préféré; on n'a qu'à penser aux entorses, aux luxations et aux crampes.

Une fois votre exercice terminé, prenez quelques minutes pour vous détendre et reprendre votre souffle. Contrairement à l'échauffement, cette période permet au corps de se refroidir. Vous devriez également prendre l'habitude de faire quelques étirements après l'activité sportive. Les experts s'accordent pour dire que les étirements sont plus bénéfiques après qu'avant un entraînement. Cependant, encore une fois, il est important de ne pas vous étirer de manière trop rigoureuse. Prenez le temps de faire vos étirements sans brusquer vos muscles inutilement.

Si vous fréquentez un gymnase ou un centre de conditionnement physique, tâchez de vous faire concevoir un programme sur mesure. Les gens qui s'entraînent sans suivre de programme adapté à leur profil personnel réduisent considérablement leurs chances de succès. Les instructeurs sont généralement en mesure de vous suggérer une manière de vous entraîner qui puisse vous conduire à l'atteinte de vos objectifs personnels. Il ne suffit pas de vous amuser avec les poids pour voir vos muscles se développer; certains mouvements doivent être faits de manière très particulière pour être vraiment bénéfiques. De plus, les consignes formulées par les entraîneurs vous permettront de pratiquer vos activités en toute sécurité, minimisant ainsi le risque de blessures car, ne nous le cachons pas, celles-ci sont nombreuses. Certaines d'entre elles surviennent à la suite d'un choc ou d'un incident, mais d'autres se développent aussi insidieusement au fil des ans.

Si la pratique d'une activité sportive vous apporte du plaisir et de la satisfaction, il est important que vous portiez une attention particulière à la manière dont vous la faites. Beaucoup de gens sont aujourd'hui incapables de pratiquer les sports qu'ils aiment à cause de leurs blessures. Pourtant, la grande majorité de celles-ci sont prévisibles et évitables.

Chapitre 2

Comment prendre soin de votre santé psychologique

S'il est facile d'évaluer sa condition physique, il est plus difficile d'en faire autant pour sa santé psychologique. La plupart des gens ignorent d'ailleurs l'importance de cette composante de leur personnalité. «Bah... je suis juste dans un mauvais jour!» se dit-on avant de chasser tout questionnement de notre esprit. C'est pourtant l'une des plus importantes composantes de notre être. Si vous parvenez à mieux la comprendre et à l'améliorer, il vous sera possible d'effectuer des changements qui vous permettront de tirer le meilleur de vous-même.

Votre personnalité psychologique englobe plusieurs aspects de votre personne – après tout, n'est-ce pas votre esprit qui est aux commandes de votre vie? Grâce à lui, vous contrôlez votre corps, vous ressentez des émotions, vous prenez des décisions. Votre esprit constitue le centre de toute votre action. Il est donc primordial de s'intéresser à votre santé psychologique.

Contrairement à une blessure physique qui fait mal et qui élance, les blessures psychologiques sont parfois invisibles et plus difficiles à détecter. C'est pour cette raison qu'il faut être encore plus vigilant lorsque l'on s'intéresse aux mécanismes de notre esprit. N'oubliez pas qu'à l'image de la santé physique, la santé psychologique peut être améliorée et modelée selon votre désir. C'est vous qui êtes en contrôle, et personne d'autre. Si vous décidez de devenir quelqu'un de meilleur, il n'appartient qu'à vous de faire les gestes qui vous mèneront vers le succès.

Le profil d'une bonne santé psychologique

Il n'existe pas de portrait défini de ce qu'est une personne en bonne santé psychologique. Évidemment, puisque nous sommes tous uniques et différents, nous trouverons une infinité de manières de penser et de voir le monde. Cela dit, nous arrivons tout de même à observer certaines similitudes chez les gens qui sont en contrôle de leur être.

Les gens en bonne santé psychologique sont habituellement plus productifs au travail. La raison est bien simple : ils aiment ce qu'ils font et n'ont pas peur d'en faire plus. Il est évidemment difficile d'être heureux lorsque l'on fait quelque chose que l'on n'aime pas. En choisissant un travail qui vous plaît, vous aurez beaucoup plus de possibilités de vous développer personnellement, même pendant les heures de travail.

On observe aussi que les gens en bonne santé psychologique entretiennent d'excellentes relations avec leur entourage. Ils ont une grande facilité à se faire des amis, sont souvent très appréciés par leurs collègues et leur famille. Ils savent écouter et agissent naturellement lorsqu'ils sont en groupe. Ces gens sont à l'aise avec qui ils sont, ce qui les aide à être à l'aise avec les autres.

On observe également que les personnes en bonne santé psychologique sont très généreuses de leur temps ; elles ont tendance à être disponibles lorsque l'on a besoin d'elles. Elles n'hésitent pas à rendre service et le font sans arrière-pensée.

Enfin, on remarque aussi chez ces personnes une tendance à être plus autonomes que la moyenne. Elles font les choses à leur manière. Elles font leurs courses elles-mêmes, organisent des activités pour le week-end, invitent leurs amis à dîner et se tiennent occupées sans attendre que l'on fasse les choses pour elles.

En général, on s'accorde aussi à dire, à condition que la personne entretienne cette santé au même titre que sa santé physique, que plus les années passent, plus la santé psychologique s'améliore. Cela illustre bien qu'il faut parfois un peu de temps pour en arriver à changer sa façon de penser et de tirer le meilleur de soi.

Comment fonctionne votre esprit

Tous les individus sont différents, ce qui n'a rien d'étrange en soi puisque nous provenons tous de familles, de milieux, d'environnements divers. D'ailleurs, l'environnement est en bonne partie responsable de ce que nous sommes et de ce que nous devenons.

Il est cependant important de comprendre comment fonctionne notre esprit pour être à même de l'influencer, voire de le modifier, pour en arriver à le modeler selon nos propres critères. Il est d'ailleurs surprenant de constater combien flexible est notre esprit. Ceux qui ont vécu de grands changements ou traversé de rudes épreuves dans leur vie peuvent en témoigner. En effet, ils ne pensent plus exactement de la même manière lorsqu'ils sont confrontés à une réalité qui est radicalement différente de celle qu'ils ont connue.

Les informations qui nous parviennent sont nombreuses. Les commentaires des parents et des amis, les expériences de vie, bref, tout est susceptible d'être enregistré par notre cerveau. La somme de ces enregistrements, de nos expériences, se transforme en apprentissage, et ce sont ces données qui permettent à notre esprit de se bâtir une image de la réalité. Par exemple, si vous tombez de votre vélo et que vous vous blessez parce que vous ne teniez plus votre guidon à deux mains, votre cerveau fera le lien entre ce comportement et cet incident. Vous apprendrez donc qu'il vaut mieux tenir solidement le guidon du vélo au risque de vous faire mal à nouveau. Il est plus que probable que, les prochaines fois, vos deux mains tiendront le guidon !

Il faut beaucoup de patience et de persévérance pour apprendre de nouvelles choses, d'autant plus que nos agissements et nos opinions sont régis par les informations que nous avons assimilées. Par exemple, une personne ayant été élevée dans un pays où la peine de mort est acceptée et légale n'aura pas la même opinion sur le sujet que celle d'un individu ayant grandi dans un pays où cette pratique a été bannie.

Cela dit, il est possible de modifier notre manière de percevoir le monde en changeant nos modèles de pensées et nos apprentissages. Ne vous en faites pas, le cerveau est une machine bien conçue, et apprendre de nouvelles choses ne vous en fera pas oublier d'autres, bien au contraire. Lorsque notre esprit recueille de nouvelles informations, non seulement les enregistre-t-il, mais il crée également de nouveaux liens entre celles-ci et d'autres déjà enregistrées en nous. C'est d'ailleurs ce qui fait que tous nos apprentissages sont reliés par une foule de liens qui constituent une véritable toile d'araignée. Plus nous apprenons, plus il se crée de nouveaux liens et plus ceux-ci contribuent à modifier notre manière de penser et d'agir.

Il est par ailleurs possible d'influencer notre esprit en favorisant le développement d'associations mentales. Par exemple, vous pouvez associer le fait de fournir un effort physique à un état de bonheur, de bien-être. À la longue, votre esprit les reliera tous deux naturellement. Par ailleurs, il est possible, profitable même, de favoriser le développement de tels liens car, tout comme il est naturel d'être attirés vers les situations qui nous procurent du bonheur et du plaisir, vous aurez alors tendance à favoriser celles où vous êtes heureux. Vous pouvez aussi utiliser cette technique de l'association mentale pour chasser certaines habitudes de vie qui vous semblent néfastes, en les associant avec leurs côtés négatifs.

Avez-vous confiance en vous?

Plusieurs personnes admettent ouvertement ne pas avoir entièrement confiance en elles. Sachez toutefois qu'avoir confiance en soi est essentiel, car cela vous aidera à accomplir des choses que vous n'osez pas entreprendre par peur d'échouer. Combien de gens s'empêchent de participer à une activité qui les intéresse, paralysés à l'idée de ce que diront les autres? Il arrive aussi, et plus souvent qu'on ne l'imagine, qu'un manque de confiance en soi rende certaines tâches difficiles. Êtes-vous mal à l'aise lorsque vient le moment de parler devant un public? Vous considérez-vous comme quelqu'un de timide? Avez-vous déjà eu l'impression que tout le monde vous regardait lorsque vous vous trouviez dans un lieu public? Si vous avez répondu oui, vous manquez effectivement de confiance en vous.

Pourtant, la confiance en soi, c'est l'image que chacun a de ses capacités personnelles. Si vous manquez de confiance, vous doutez de vos capacités, et vous pouvez être certain que cela vous fera refréner vos envies ou vos ambitions. Prenons un exemple concret. Si vous demandez à un musicien qui possède plusieurs années d'expérience de vous jouer un morceau populaire, celui-ci s'exécutera avec plaisir; il sait qu'il réussira à faire ce que vous lui demandez sans trop d'efforts. Il a confiance en ses talents et en lui.

Prenons un autre musicien, débutant celui-là. Il a commencé ses cours de piano il y a quelques mois et s'exerce avec peine pour arriver à maîtriser cet instrument. Vous lui demandez de jouer le même morceau que celui du précédent exemple. Ce musicien risque de refuser poliment votre offre. Si vous vous montrez convaincant, il risque d'accepter de jouer en vous lançant des regards incertains. Évidemment, le second musicien n'a pas confiance en lui. Il a beau être doué, connaître l'abc de sa pratique, la peur s'empare de lui lorsqu'il songe aux nombreuses erreurs que son manque d'expérience pourrait lui faire commettre. S'il avait développé sa confiance en lui, il aurait probablement tenté sa chance sans hésiter, acceptant le fait qu'un débutant commet des erreurs.

La confiance que vous avez en vous et en vos capacités peut faire toute la différence dans votre réussite personnelle et apporte plusieurs avantages, que vous suiviez un cours, travailliez sur un dossier au bureau ou vous amusiez avec vos amis.

Toutefois, cette confiance, à un degré différent selon chacun, se bâtit grâce à l'image que nous nous faisons de nous-mêmes et aux informations recueillies à travers le regard d'autres individus. Par exemple, si au cours d'un souper entre amis, chacune de vos blagues fait exploser de rire les convives, il y a des chances que vous finissiez par croire que vous êtes très drôle; à l'inverse, deux ou trois blagues qui tombent à plat vous feront douter de vos talents de conteur et vous n'en raconterez plus qu'après hésitation, risquant du même coup de susciter encore moins de réaction.

Jusqu'ici, tout va bien. Il n'y a rien de mal ni d'anormal dans ce comportement. Les athlètes qui gagnent une médaille ont raison d'être fiers de leurs performances, tandis que ceux qui finissent derniers ont parfois raison d'être déçus. Le problème, c'est que ce type de réactions ou de comportements peut s'ancrer en nous, surtout si deux ou trois événements viennent conforter cette impression que nous avons. Si tel est le cas, que cette croyance soit justifiée ou pas, certaines personnes seront convaincues qu'elles sont moins intéressantes que les autres, et elles ne tarderont pas à s'imaginer que les gens qu'elles côtoient les jugent et émettent des commentaires négatifs à leur égard. Imaginez le frein que constitue cette croyance! Évidemment, si ces personnes ont une faible confiance en elles, elles auront peur d'échouer et parfois à un point tel qu'elles préféreront ne rien commencer.

Il faut bien évidemment relativiser ces propos. Les exemples donnés précédemment illustrent les extrêmes rattachés au manque de confiance en soi. Cependant, les gens qui ont une faible confiance en eux se sentent effectivement faibles, parfois même inférieurs, dans certaines situations. Si c'est votre cas, il est crucial de travailler à améliorer votre confiance en vous si vous cherchez à développer votre plein potentiel personnel.

Dans toutes les situations de la vie, avoir une bonne confiance en soi vous sera aussi bénéfique que profitable. D'abord, les gens qui ont confiance en eux ont tendance à garder leur sang-froid lors de situations délicates, mais ils ont aussi moins tendance à croire tout ce qu'on leur dit et savent dire non lorsque les choses ne se déroulent pas comme ils le souhaiteraient. Au contraire, les gens qui ont une faible confiance en eux ont tendance à être plus naïfs et facilement manipulables.

L'augmentation de votre confiance en vous vous permettra d'avoir prise sur les événements plutôt que d'être menés par eux.

Tenez compte de votre intelligence émotionnelle

Les émotions que nous ressentons sont au cœur de notre vie. On se sent angoissé lorsque l'on doit faire une présentation devant un groupe, on se sent heureux lorsque l'on reçoit un cadeau et on se sent amoureux lorsque notre conjoint a une petite attention particulière pour exprimer ses sentiments. Les émotions sont partout et ont un impact majeur sur notre vie.

Au même titre que vous avez un quotient intellectuel, vous possédez aussi une intelligence émotionnelle qui représente la manière dont vous percevez et gérez les émotions que vous ressentez.

Les personnes qui possèdent une bonne intelligence émotionnelle savent faire la part des choses et gérer leurs émotions. Elles ont une certaine facilité à tourner la page lorsqu'elles sont dans une situation où de vives émotions entrent en jeu ; elles laisseront leurs sentiments de côté pour éviter qu'ils affectent leur jugement et cela leur permettra généralement de faire de meilleurs choix.

En revanche, les personnes qui possèdent une faible intelligence émotionnelle auront de la difficulté à gérer leurs émotions et il arrivera fréquemment que ce qu'elles ressentent l'empêche de fonctionner ou les rende incertaines et confuses. Ces personnes ont généralement beaucoup de difficulté à surmonter les épisodes difficiles de leur vie, comme elles ont également tendance à se replier sur elles-mêmes. Bref, il leur faut plus de temps pour passer à autre chose.

Nous laisser porter par nos sentiments peut avoir plusieurs conséquences fâcheuses. Sur le coup de l'émotion, nous pouvons avoir envie de faire des choix que nous regretterons plus tard, lorsque la poussière sera retombée. Mais, surtout, les émotions négatives que nous portons en nous peuvent avoir des conséquences désastreuses sur notre santé mentale et même physique. Il est donc important de travailler à développer notre intelligence émotionnelle.

Les gens qui sont très sensibles aux émotions les ressentent de manière exagérée. Leur corps réagit aussi ; le pouls augmente, ils ont chaud et se sentent même parfois étourdis. L'important est de savoir quand vous arrêter et de bien reconnaître les moments où vous vous emportez. Apprenez donc à distinguer ces signes et ne vous laissez pas porter par vos émotions de l'instant. Lorsque cela survient, sortez prendre l'air, buvez un verre d'eau, parlez à un ami. Et rappelez-vous que, généralement, les émotions que vous ressentez exacerbent la vision que vous avez des choses et l'analyse que vous en faites. En améliorant votre intelligence émotionnelle, vous augmentez votre pouvoir sur vous-même et contribuez à renforcer l'emprise que vous avez sur votre vie.

Plusieurs professionnels peuvent vous aider à mieux gérer cette facette de votre vie. Ne soyez donc pas embarrassé de consulter un psychologue ou un psychothérapeute. Ceux-ci peuvent vous permettre de trouver les réponses aux questions que vous vous posez et vous faire progresser dans votre développement personnel.

Surveillez la détresse psychologique

Il arrive cependant parfois qu'un trop-plein d'émotions fasse surgir des problèmes psychologiques qui peuvent s'aggraver au point de devenir des maladies ou des troubles chroniques comme la dépression, les troubles anxieux, l'épuisement professionnel. Ceux-ci doivent être pris au sérieux car ils finissent immanquablement par affecter la santé physique.

Beaucoup d'efforts ont été et sont déployés par les professionnels de la santé et les organismes sociaux pour sensibiliser les gens à ce type de problèmes qui, parce qu'ils sont méconnus, sont souvent mal interprétés et pris à la légère. Contrairement à ce que certains peuvent également croire, les victimes de ces maladies n'ont pas nécessairement des prédispositions en ce sens, pas plus que ce ne sont des gens faibles ou mal préparés à affronter les aléas de la vie. De nombreuses personnes possédant des personnalités dites « fortes » sont également victimes de ces problèmes.

La meilleure manière de prévenir ce type de maladies est d'être à l'affût des signes avant-coureurs. Habituellement, les personnes qui vivent en état de détresse psychologique ont tendance à avoir de la difficulté à se concentrer, à se sentir constamment fatiguées, à perdre l'appétit et à entretenir des idées noires. De plus, leur comportement social a tendance à changer. Elles deviennent plus irritables et moins patientes. Évidemment, les symptômes varient d'une maladie à l'autre et d'un individu à l'autre. Toutefois, il importe de retenir qu'il ne faut pas attendre de sombrer avant de consulter. Trop de gens font justement l'erreur d'ignorer les signes que leur corps leur envoie et finissent par tomber très malades.

Développez votre pensée positive

Développer une pensée positive est une étape importante de votre cheminement personnel. Nous ne parlons pas ici de pensée positive en termes de pensée magique, mais bien de la façon de réfléchir en termes de succès, de croissance et de réussite, de manière à permettre à l'esprit d'anticiper la réalité. Certes, nombreux sont sceptiques quant à l'efficacité de cette technique; pourtant, nombre de gens la pratiquent et affirment en tirer de nombreux bénéfices.

Chacun sait que notre manière de voir le monde influencera nos décisions et nos actions. Si vous êtes une personne négative, vous aurez tendance à prendre moins de risques puisque vous serez convaincue que tout ce que vous tenterez se soldera par un échec. À la longue, à force de vous dire que vous n'êtes bon à rien, vous finirez par le croire et aurez de la difficulté à affronter les défis que la vie vous présentera.

Ce qui est étonnant, c'est que nous sommes les seuls responsables de la manière dont nous percevons la vie. Nous sommes aussi les seuls en mesure de choisir quelles pensées nous laissons grandir en nous. Ainsi, les gens qui entretiennent un certain négativisme – nous consacrerons quelques pages à ce sujet un peu plus loin – le font de leur propre chef, sans se rendre compte qu'il leur suffirait de changer leur manière de voir le monde pour réussir à tirer le meilleur d'eux-mêmes.

Laissez de côté les affirmations négatives comme «Je ne réussirai pas» ou «C'est impossible», car elles ne font que vous ralentir et nuire à votre croissance personnelle. Utilisez plutôt des phrases comme «Je vais réussir» ou «Cela sera difficile, mais j'y arriverai». À force de vous répéter que vous pouvez accomplir ce que vous voulez, vous finirez par le croire et aurez envie de relever de nouveaux défis. Mieux encore: la plupart de vos actions seront couronnées de succès. Les athlètes se rendent aux compétitions la tête haute parce qu'ils croient en leurs chances de gagner. S'ils se disaient qu'il leur était impossible de grimper sur le podium, ils seraient restés à la maison. Bref, vous devez répéter que vous allez réussir et que les événements joueront en votre faveur. Par exemple, si vous postulez pour un emploi qui vous intéresse vraiment, vous devez vous répéter que vous êtes le meilleur candidat parce que si vous n'y croyez pas, pouvez-vous imaginer que les autres le croiront?

Si vous visualisez votre échec, vous vous préparez à échouer. Vous devez donc visualiser votre réussite. Les gens qui vous entourent remarqueront l'état d'esprit dans lequel vous êtes et auront tendance à se rapprocher de vous, à s'associer à vous. C'est normal: la plupart des gens préfèrent côtoyer quelqu'un qui voit les bons côtés de la vie et qui est heureux qu'une personne qui voit du négatif dans tout ce qu'elle entreprend. De plus, associez-vous vous aussi avec des gens qui ont une vision favorable et prospère de l'avenir.

Plus que tout, il est essentiel de croire en soi et en sa réussite. Si vous vous lancez dans un projet en croyant qu'il y a trop d'embûches pour que vous réussissiez, vous ne mettez pas toutes les chances de votre côté. La victoire appartient à ceux qui savent qu'ils vont réussir.

Si vous voulez tirer le meilleur de vous-même, vous devez donc vous créer une représentation mentale de ce que vous désirez devenir ou accomplir. Si votre rêve est de posséder un voilier, pourquoi vous serait-il interdit de vous imaginer à la barre de votre navire, profitant d'une belle journée ensoleillée et respirant l'air marin? Voir sa réussite ou le résultat de sa réussite est la première étape menant à sa réalisation. Celui qui n'adopte pas une attitude positive a bien peu de chances de réussir; en fait, il concède d'emblée que certains écueils pourraient l'empêcher d'atteindre son objectif.

Prenons l'exemple de deux joueurs de tennis de force égale qui s'affrontent pour la première fois. Ils possèdent le même nombre de victoires et d'années d'expérience, ont un style similaire et sont aussi talentueux l'un que l'autre. Le premier se dit prêt à tout; il sait que son adversaire est de taille, mais il a confiance en ses propres chances de réussite. Le second se dit nerveux; il est persuadé que son adversaire est supérieur à lui et il croit qu'il a peu de chances de remporter le match. Si vous aviez à faire un pari, sur qui mettriez-vous votre argent? La seule chose qui distingue ces deux joueurs est leur attitude. Le premier adopte une attitude positive et le second, une attitude négative. Lorsque la situation se corsera, le premier aura tendance à balayer le doute de son esprit, tandis que le second sera porté à ne pas réagir puisque c'est ce à quoi il s'attendait. En ce sens, visualiser notre défaite a autant d'effet sur nous que de visualiser notre réussite.

Si vous faites de la planche à neige pour la première fois et que vous vous répétez sans cesse «Je vais tomber», il est pratiquement assuré que vous tomberez une fois sur les pistes. À l'inverse, si vous vous répétez «Je ne tomberai pas», il n'est pas dit que vous ne tomberez pas, mais il y a bien des chances que vous teniez un peu plus longtemps sur votre planche. Même lorsque vous tomberez, vous aurez envie de vous relever et de réessayer jusqu'à ce que vous ne chutiez (presque) plus. Votre objectif n'est pas tant de ne commettre aucune erreur, mais plutôt de passer au travers des difficultés pour vous améliorer.

Les mots et les phrases que vous vous répétez ont une influence insoupçonnée sur ce que vous êtes et sur la façon dont vous abordez la vie. Chaque fois que vous vous répétez que vous n'y arriverez pas, vous inscrivez plus profondément cette pensée dans votre être jusqu'à ce qu'elle devienne une croyance de votre esprit. Si vous avez connu plusieurs échecs dans votre vie, il est possible que votre esprit ait enregistré qu'essayer d'atteindre de nouveaux objectifs mènera inévitablement à l'échec. Aussi, lorsque vient le moment de tenter à nouveau quelque chose de différent, vous vous dites que ça ne vaut pas la peine, que vous ne réussirez pas et qu'il vaut mieux ne rien commencer. C'est un piège de la pensée, et pour l'éviter, vous devez changer votre perception de la réussite pour retrouver votre confiance en vous et en vos capacités.

La manière d'y parvenir est simple : il s'agit de se dire que l'on peut atteindre ses objectifs, que l'on peut réussir. Le dire, le redire et le répéter encore jusqu'à ce que cela devienne une «vérité». Difficile à imaginer que cela suffise? Pourquoi pas? Après tout, s'il est si facile de se décourager, pourquoi ne serait-il pas possible, à l'inverse, de s'encourager?

Les gens qui cultivent les idées positives ont une perspective différente de la vie. Rappelez-vous que votre esprit influence vos perceptions. Si vous tentez de voir le côté positif de toutes choses, vous entraînerez votre esprit à trouver et à reconnaître les bons côtés de la vie. Vous saurez alors utiliser pleinement le potentiel qui vous anime.

L'influence de la santé physique sur la santé psychologique

Dans la vie, tout est interrelié. Vous pouvez considérablement améliorer votre santé psychologique en restant actif physiquement; en voici quelques exemples.

Les gens actifs physiquement ont généralement plus de facilité à dormir. De plus, ils bénéficient d'un sommeil plus profond et plus réparateur (vous avez fait travailler votre corps, et celui-ci a besoin de plus de temps et d'un sommeil de meilleure qualité pour récupérer). Vous aurez donc moins de difficulté à vous endormir, mais vous éviterez aussi les problèmes d'insomnie et de réveils nocturnes causés par le stress et l'anxiété.

L'exercice a également un effet bénéfique sur la confiance en soi et l'humeur en général. Lorsque nous sommes actifs, notre corps sécrète plusieurs substances telles que la sérotonine et la dopamine qui affectent notre humeur et contribuent à notre détente. Plusieurs médicaments ayant pour effet d'améliorer l'humeur ont d'ailleurs pour but d'aider le corps à les sécréter. Le sport agit donc comme une protection naturelle contre la dépression et la mauvaise humeur.

Enfin, les gens en forme ont tendance à avoir une image de soi beaucoup plus positive que les gens inactifs. En sachant qu'ils sont en bonne condition physique, ils peuvent constater que leur corps subit des changements chaque fois qu'ils mettent le pied dehors ou qu'ils sortent d'un entraînement.

Chapitre 3

Comment développer votre image

L'image de soi constitue la représentation que l'on se fait de soi-même. Cependant, êtes-vous vraiment conscient de la façon dont vous vous voyez, dont vous vous percevez? Bien sûr, il y a de multiples façons de nous voir; la vision que nous avons de nous-mêmes nous appartient et nul n'a le droit, pas plus que le pouvoir, de la changer ou de l'améliorer à notre place.

Allons droit au but: vous plaisez-vous ou non? Sans sombrer dans le narcissisme, pouvez-vous dire que votre image vous satisfait lorsque vous vous regardez dans le miroir le matin? Plus encore: est-ce que vous vous aimez? Bien sûr, il y a deux façons de se voir, selon l'image extérieure ou l'image intérieure. La première est plus superficielle, en ce sens que l'appréciation que vous vous donnez relève strictement de l'apparence physique, de ce que les autres voient de vous. La seconde est essentiellement personnelle, intime, et son appréciation, généralement plutôt objective, fait référence à ce que vous pensez de vous, au plus profond de vous-même, et est en relation avec vos sentiments et vos valeurs intimes. En principe, les deux devraient être en harmonie; plus prosaïquement, il y a souvent un décalage entre les deux.

Cela dit, vous êtes la seule personne au monde qui soit apte à définir de quoi est faite la vision que vous avez de

vous-même, quoique celle-ci soit généralement proportion-
nelle à l'estime que vous entretenez à votre égard. Certes, il
est fort possible que vous auriez aimé avoir une autre sil-
houette ou un autre visage, mais voilà, à moins d'avoir recours
à la chirurgie esthétique, il n'y a pas d'autres solutions que
de vous accepter tel que vous êtes.

Soyons clairs, notre apparence a peu à voir avec notre
confiance et notre capacité à tirer le meilleur de nous. Des
gens qui n'ont pas un physique particulièrement attrayant
ont très bien réussi leur vie et dans la vie. Non, ce qui est surtout indispensable, voire primordial, dans le fait d'être capable
de tirer le meilleur de soi, c'est d'avoir de la considération et
de l'estime pour soi, de s'aimer et de s'apprécier soi-même,
d'être fier des valeurs profondes que l'on cultive, entretient
et véhicule.

Une image de soi en harmonie

La considération de soi se forge dès notre enfance. Elle tire
d'abord son origine de l'image que nos parents et, après eux,
nos professeurs nous donnent de nous-mêmes, et aussi de
celle que nous renvoient les gens que nous aimons, avant que
nous la complétions ou la remodelions durant toute notre
vie par nos croyances, nos expériences, nos réussites et nos
échecs, les humiliations et les frustrations que nous subis-
sons, etc. C'est de la synthèse de tout cela que résulte l'image
que nous avons de nous-mêmes.

Toutefois, ce qui empêche véritablement les gens de tirer
le meilleur d'eux-mêmes, outre la piètre estime de soi ou l'absence de considération de soi, ce sont les sentiments négatifs comme la peur et le doute. Lorsque vous dites: «Je suis
excellent», «Je suis capable de faire mieux» ou «Je sais qu'il
y a une meilleure solution», l'image que vous avez de vous
rend votre attitude positive et vous agissez en conséquence.
En revanche, si vous vous dites: «Je n'y arriverai jamais»,

«C'est trop difficile», «Ce n'est pas fait pour moi», il va de soi que vous consolidez cette image négative de vous, et ces pensées vous paralysent jusqu'au point de vous empêcher d'agir d'une façon constructive.

Plus vous avez eu d'expériences positives au cours de votre vie, meilleure est l'image que vous avez de vous. Si, par surcroît, vous avez tiré parti de façon pragmatique des expériences qui ont été négatives, vous aurez sans aucun doute renforcé la considération et l'estime de vous. Cette image, bien entendu, sera d'autant plus positive si vous savez l'entretenir régulièrement, c'est-à-dire l'améliorer sans cesse, que ce soit sur les plans professionnel, social, affectif et familial.

L'idéal, bien sûr, est que votre image extérieure et intérieure soit en parfaite harmonie, c'est-à-dire que ce que les gens perçoivent de vous corresponde à votre véritable nature. Si vous avez un doute quant à cette harmonie, faites en sorte de prendre les mesures qui s'imposent pour toujours donner de vous l'image la plus représentative possible, sans faux-fuyants. Bien sûr, donner de soi l'image la plus vraie possible requiert un entretien permanent et une honnêteté sans faille parce qu'il est tellement facile – et parfois tellement tentant – de présenter de soi une image enjolivée, pour mieux gagner les faveurs des autres. C'est une erreur. Comme le dit si bien le dicton populaire, «Chassez le naturel, il revient au galop», et quand le naturel reprend sa place, la supercherie se révèle et il s'ensuit généralement une perte de crédibilité.

La façon la plus efficace d'améliorer son image est l'amour et le respect de soi et des autres; au contraire, la manière la plus efficace de contribuer à sa dégradation et de se condamner à une forme d'autodestruction consiste à entretenir des propos négatifs de soi, de se dénigrer constamment, de se mépriser, de se mentir et de mentir aux autres.

Soyez d'ailleurs toujours sur vos gardes, car il est très facile de semer le doute dans votre esprit en ne le nourrissant que de critiques négatives. Quand vous agissez ainsi, le subconscient, qui obéit à vos ordres, prend vos autocritiques pour autant de vérités.

Il est donc essentiel, quand on veut tirer le meilleur de soi, quand on a des buts et des objectifs à atteindre, de leur accoler une imagerie puissante afin de détruire tous les anciens schèmes de pensées négatives. Quelle que soit la critique, si vous avez une très forte image positive de vous, celle-ci restera intacte.

Ne craignez pas l'introspection

On arrive donc à tirer le meilleur de soi en développant une bonne et forte image de soi, en étant conscient de sa propre identité et en acceptant de prendre conscience de sa propre valeur, non seulement de ses défauts, mais aussi de ses qualités. Pour y arriver, il faut se livrer assidûment à l'introspection, laquelle est, selon le dictionnaire, «l'observation d'une conscience individuelle par elle-même». On s'y adonne donc pour analyser ses états d'âme et ses sentiments, pour disséquer, en quelque sorte, ses comportements et ses manières d'être afin de découvrir ce qui nous fait réagir instinctivement de telle ou telle manière.

Il faut ensuite travailler à supprimer les fausses et les mauvaises croyances et veiller à déployer les bonnes afin de faire de soi un gagnant, quelqu'un qui n'a plus peur, à qui l'on permet également d'être faible et de commettre des erreurs, mais qui, de façon générale, se conduit avec intégrité, optimisme et authenticité.

Quand vous vous livrez à l'introspection, c'est que vous désirez faire le point sur votre personnalité et établir une sorte de bilan de votre vécu pour essayer de l'améliorer. Pour être capable de mener à bien une telle séance, il est essentiel d'agir avec la plus grande sincérité et, surtout, de ne pas jouer à l'autruche. Qui tromperiez-vous au bout du compte ? Vous devez donc accepter de voir vos défauts et vos faiblesses pour ensuite agir de façon à combler ces lacunes et à les transformer en points forts. Pour arriver à être fier de vous et être en mesure de tirer le meilleur de vous, vous devez d'abord réussir à chasser ces intrus que sont le doute, la peur, la jalousie, la rancune, la haine, l'apitoiement sur soi-même, etc., et qui sont autant de démons.

Une bonne connaissance de soi permet en outre une véritable évolution de l'âme et mène indubitablement à un mieux-être. Elle vous permet de vous aimer davantage, d'être le maître paysagiste de votre subconscient et d'avoir – enfin ! – confiance en vous pour tirer profit de votre potentiel. Cela peut sembler étonnant à dire, mais si vous n'avez pas confiance en vous, c'est sans doute que vous ne vous connaissez pas intimement. Vous agissez envers vous, de l'extérieur vers l'intérieur, comme vous agiriez vis-à-vis d'un étranger. En d'autres mots, vous vous méfiez de vous, de vos actions-réactions. Si vous caressez de grands buts avec l'intention réelle de les atteindre, vous devrez donc renouer avec vous, avec ce que vous êtes, fondre vos images intérieure et extérieure en une seule pour devenir un être entier, authentique et intègre.

Vous ne pourrez réussir à tirer le meilleur de vous-même que si vous avez de l'estime pour vous et de la confiance en vous, lesquelles ne peuvent s'acquérir que par une parfaite connaissance de ce que vous êtes, qui, à son tour, ne s'obtient que par l'introspection. De grâce, cessez de toujours accorder aux autres une plus grande estime que celle que vous vous accordez à vous-même. Canalisez vos énergies à vous connaître, à vous aimer, à peaufiner votre personnalité et à apprécier vos efforts.

Choisissez votre entourage

On a tous entendu les dictons suivants: «Qui se ressemble s'assemble» ou «Dis-moi qui tu fréquentes, je te dirai qui tu es». S'ils font toujours partie de la sagesse populaire, c'est sans doute parce qu'ils recèlent une bonne part de vérité. De fait, les membres de notre entourage exercent une influence sur notre image et notre estime de soi. Pour cette raison, il est très important de savoir à qui vous avez affaire, qui vous côtoyez et qui vous côtoie. N'admettez pas, dans votre entourage, des gens qui, par méchanceté gratuite, jalousie ou ignorance, vous critiqueront ou vous dénigreront pour ternir votre estime de vous (souvent pour rehausser la leur).

L'influence des autres peut vous être soit favorable, soit défavorable. Ainsi, plus vous côtoyez de gens positifs, plus vous serez positif vous-même. Les personnes qui ont déjà une excellente image d'elles-mêmes renforcent positivement la vôtre, sans que vous vous en rendiez compte. Il va de soi que vous agissez de la même façon sur les autres.

Vous devriez considérer les membres de votre entourage comme vous voudriez qu'ils vous considèrent. Reconnaissez ce qu'il y a de bon, de vrai en eux et faites-leur-en tout simplement l'éloge. Cela renforcera l'image qu'ils ont d'eux-mêmes tout en augmentant la vôtre. En revanche, acceptez aussi les compliments que l'on vous adresse. Il est indéniable que votre estime de soi n'est pas très forte si, devant une parole aimable, vous réagissez en disant «Allons, je ne suis pas si bon que ça...» ou «Bof! N'importe qui aurait pu le faire...». En minimisant et en sous-estimant verbalement votre valeur, vous contribuez à nourrir l'image subconsciente négative que vous avez de vous. Gardez toujours à l'esprit que vous devez entretenir une juste image de vous et savoir accepter les félicitations et les éloges quand ils sont mérités.

Bien qu'il faille à tout prix que vous deveniez conscient de votre valeur, vous devez éviter de verser dans l'excès contraire et vous surestimer à tout propos – le faire est aussi préjudiciable que de se sous-estimer. Une personne qui ramène tout à elle, qui a tendance à vouloir écraser tout un chacun, est loin d'avoir la formule et l'attitude qui lui permettront d'être appréciée et considérée par son entourage. Malheureusement, les gens démesurément orgueilleux ne s'en rendent souvent même pas compte et ne s'expliquent pas pourquoi ils sont plus souvent qu'autrement rejetés par ceux qui les entourent.

Retenez bien que votre image est la base sur laquelle tout repose; son authenticité et sa justesse sont d'autant plus importantes que ce sont elles qui vous donnent la confiance et la liberté d'être. Les améliorations que vous y apportez permettent d'exploiter au maximum votre potentiel, vos talents, vos dons, et de croire en vous.

Quoi que vous fassiez, dans n'importe quel secteur d'activité, une fois que vous réussirez à tirer le meilleur de vous, vos performances seront le reflet de votre image, rien de plus, rien de moins. Plus vous êtes conscient de votre valeur, plus vous pourrez atteindre vos buts, les concrétiser. Dans la même perspective, plus vos réalisations seront intéressantes et évolueront dans leur niveau de difficulté, plus votre estime de soi s'en trouvera développée.

Eh oui, nul n'est prisonnier de lui-même : il suffit de vouloir changer, améliorer ce que vous percevez de vous pour que les changements s'effectuent – en vous et autour de vous. Tout réside dans votre ouverture et votre disposition d'esprit à vouloir acquérir de nouvelles pensées et assimiler de nouveaux concepts qui vous permettent d'élargir vos horizons.

Chaque individu est unique et, à la base, indépendant. En cherchant à tirer le meilleur de vous, n'essayez pas de façonner votre personnalité à l'image d'un autre. Comment voulez-vous tirer profit de votre intelligence, de votre valeur, de vos talents si vous essayez d'être quelqu'un d'autre?

Certes, nous avons tous eu, à un moment donné de notre existence, un modèle qui nous a influencés, qui nous a aidés à forger notre propre personnalité, un mentor qui nous a inspirés. C'est particulier à certains domaines, tels les arts et les sports, mais ça l'est aussi dans les affaires. Qui donc peut affirmer ne s'être pas inspiré d'une telle personne pour forger, tout au moins en partie, son style ou son image ? Ce n'est là rien que de très normal, mais ce ne l'est plus lorsque l'on agit jusqu'à se prendre pour le personnage lui-même. Aussi, faites attention à ne pas tomber dans ce piège, sans quoi votre propre évolution ne se fera que dans l'ombre d'une personne que vous aurez divinisée. Servez-vous-en tout au plus pour avoir des points de repère de votre réussite. Votre évolution dans ce processus se fera au rythme des énergies que vous investirez, mais elle dépendra aussi de la détermination et de la persévérance dont vous ferez preuve. Dites-vous bien, dès maintenant, qu'il n'y a pas de limites à ce que vous pouvez atteindre, car s'il y avait des limites, elles ne sauraient venir que de vous.

Méfiez-vous de l'opinion des autres

Un des problèmes reliés à la confiance en soi est la peur de l'opinion des autres. Beaucoup de gens lui accordent une importance démesurée et s'empêchent ainsi de faire ce qu'ils veulent de peur de décevoir leurs proches ou d'être jugés par eux.

Nous vivons en société et il est normal que notre comportement soit analysé et observé par d'autres individus, comme il est tout aussi normal de chercher à savoir ce que les gens pensent de nous. Toutefois, cela est parfois une arme à double tranchant. Les gens ayant une faible estime d'eux-mêmes ont tendance à accorder une importance démesurée à l'opinion des autres, comme si ce qu'ils disaient d'eux allait avoir de graves répercussions sur leur vie. Ce n'est pas parce qu'on vous critique – ce qui est immanquable, puisque nous ne partageons pas tous les mêmes idées ni les mêmes valeurs – qu'on vous empêche de faire ce que vous voulez pour autant.

Cessez de croire qu'on n'observe que vous ! Après tout, la personne qui vous regarde se demande peut-être elle aussi ce que vous pensez d'elle... Alors, préoccupez-vous davantage de faire ce qui vous plaît, et le reste suivra. Si vous avez peur de l'opinion d'un individu (ou d'un groupe d'individus), demandez-vous ce qui pourrait arriver de pire dans l'éventualité où vous commettriez une erreur et perdiez la face. Vous auriez l'air ridicule ? Personne n'en est à l'abri, et le ridicule n'a jamais tué personne.

Chapitre 4

Comment découvrir votre voie

Il nous arrive tous, un jour ou l'autre, de nous questionner sur le sens de la vie. Pourquoi sommes-nous qui nous sommes? Où en sommes-nous avec notre vie? Quel genre de relations entretenons-nous avec notre famille, nos amis? Quels sont nos buts? Quels sont nos rêves? Il n'y a pas de bonnes ou de mauvaises réponses, et parfois il y a même plus d'une réponse pour une seule question. Et même si nous sommes en santé, vivons une vie satisfaisante et travaillons dans un endroit où nous nous plaisons, il peut nous arriver de nous poser ce genre de questions. Le bonheur, le véritable bonheur, est parfois difficile à cerner.

Toutefois, si vous cherchez à tirer le meilleur de vous-même, il est important que vous preniez le temps de définir où vous en êtes dans votre vie et où vous avez envie d'aller. Vous devez prendre le temps de trouver non seulement votre voie, mais aussi votre destination. Avez-vous envie d'obtenir une promotion? d'effectuer un changement de carrière? de développer de nouvelles relations? de changer de vie peut-être? Prenez un moment pour vous interroger sur ce que vous voulez vraiment. Peu importe votre âge, il est toujours temps d'agir pour effectuer les changements que vous souhaitez.

Ne soyez pas comme ces personnes qui consacrent leur énergie à se souhaiter un avenir différent mais qui oublient d'agir au présent. Pourtant, c'est le moment présent qui détermine de quoi sera fait l'avenir. Aussi, ne soyez pas non plus comme ces individus qui laissent leur passé décider de leur avenir. Beaucoup trop de gens pensent que les échecs qu'ils ont vécus dans le passé ou leur manque d'expérience dans certains domaines les empêcheront de réussir dans leurs choix.

Rien n'est plus faux. Les gens qui ont réussi dans la vie savent qu'il faut parfois courir des risques. Si votre objectif consiste à rester où vous êtes sans vous faire remarquer, vous l'atteindrez sans difficulté, mais vous n'arriverez non plus à rien, puisque vous n'aurez rien tenté. Il est rare que les gens travaillent à notre place pour nous assurer une place au soleil ! La réalité est que nous sommes tous responsables de nos propres choix et de notre propre succès. Et la recette du succès est simple : si vous désirez ne rien accomplir, ne faites rien ; si vous avez envie d'accomplir quelque chose, agissez !

Quiconque a réussi dans la vie n'est pas devenu ce qu'il est en attendant simplement que les choses se concrétisent seules. Il s'est trouvé un défi, s'est relevé les manches et a travaillé dur tous les jours dans l'espoir d'atteindre ce qu'il s'est fixé. Une fois celui-ci atteint, porté par les événements qu'il a vécus, initié à de nouvelles choses, il s'en est fixé un nouveau et a travaillé encore pour l'atteindre. Mais encore faut-il être animé par un défi, un rêve. Réfléchissez donc à ce qui vous motive. Trouvez ce qui vous garde non seulement en vie, mais ce qui vous pousse surtout à vouloir vous dépasser. Il est beaucoup plus satisfaisant d'échouer dans un projet qui nous tient à cœur que de réussir quelque chose qui nous laisse indifférents.

Ayez donc le courage d'affirmer ce que vous êtes vraiment et entamez votre propre voie.

Fixez-vous des objectifs

Si vous avez l'intention d'avancer dans la vie, il est important de savoir où vous désirez aller. Cela est très similaire à la planification d'un voyage où plusieurs détails sont à considérer. Il faut d'abord choisir une destination. Où désire-t-on aller? Dans un endroit chaud? dans un endroit où l'on pourra faire du ski? de l'escalade? On a beau connaître toutes les routes, on ne saura jamais laquelle emprunter si on n'a pas une idée précise de sa destination finale. On doit ensuite savoir à quel moment on ira en voyage et de quelle manière on se déplacera. N'oubliez surtout pas de bien faire vos valises. Avec votre destination en tête – votre objectif –, votre itinéraire défini, votre valise remplie de ce dont vous aurez besoin – vos qualités, vos forces –, vous serez en mesure de partir et de vous rendre à destination. Il en va ainsi dans un voyage comme dans sa vie.

Se fixer des objectifs comporte des avantages. D'une part, on a une image mentale de ce que l'on tente d'accomplir, une représentation de quelque chose qui n'existe pas encore mais que l'on aimerait atteindre. D'autre part, cela facilite le choix des actions que l'on doit mettre en œuvre pour parvenir à son but; par exemple, il est évident qu'il faut un moyen de transport pour partir en voyage, mais il faut décider lequel on choisira selon la destination. Admettez avec moi qu'il sera difficile de se rendre à Cuba en voiture! Se fixer des objectifs permet donc de savoir comment on doit orienter ses choix, puisque ceux-ci ont pour but de nous rapprocher de la destination.

Utilisons un exemple concret pour illustrer ces propos. Si votre objectif est de perdre du poids, vous privilégierez les choix qui vous rapprocheront de votre but: vous choisirez un régime alimentaire adapté, vous ferez du sport plutôt que de regarder la télévision, histoire de brûler quelques calories. Tout ce que vous voudrez faire devra être influencé par l'objectif que vous vous êtes fixé. Si on vous propose de manger un plat de frites ou une salade, vous choisirez la salade puisque vous avez toujours votre objectif en tête. En outre, vous voudrez certainement rechercher de l'information relative à votre objectif ; vous lirez des livres concernant la perte de poids, les étiquettes sur les emballages lorsque vous ferez votre épicerie. Et si, un jour, vous avez envie de tout laisser tomber, vous vous rappellerez votre objectif et choisirez de continuer. N'oubliez jamais qu'atteindre ses objectifs requiert efforts et travail.

Il existe trois types d'objectifs : idéaux, à long terme et à court terme. Catégorisez les vôtres en fonction du temps qu'il vous faudra pour les concrétiser ; certains sont si importants que leur atteinte peut nécessiter plusieurs années de travail. Pour éviter l'abattement ou le découragement, vous devez donc nécessairement fractionner ces grands objectifs en sous-objectifs plus faciles à réaliser. C'est un peu comme rêver d'une maison entièrement aménagée. En pratique, tout ne peut être fait en même temps. Il faut d'abord creuser et ériger les fondations, bâtir les murs à partir de planches, poser les planchers, etc. C'est la somme de plusieurs petites activités qui mènent à l'accomplissement de l'objectif final.

Les objectifs idéaux sont ces rêves que nous caressons depuis des années. Ils sont ce que nous ferions si nous avions le pouvoir de manipuler les événements ou encore ce que nous nous promettons de faire si nous gagnions le gros lot. En fait, les objectifs idéaux semblent difficiles, parfois même impossibles à atteindre. Ceux-ci sont si importants et intimidants qu'ils nous donnent l'impression que nous ne les atteindrons jamais, à moins de faire nombre de sacrifices et d'avoir beaucoup de chance. Certes, il faudra l'un et l'autre, mais retenez que d'autres avant vous se sont fixé ces mêmes objectifs, ont nourri les mêmes rêves et ont fini par les atteindre.

Il importe d'ailleurs d'entretenir des objectifs idéaux. On a beau savoir qu'ils seront difficiles à réaliser, ils ne sont pas pour autant inaccessibles. Il y a bien des jeunes filles qui ont rêvé de devenir danseuses de ballet ou directrices d'une multinationale, ou de jeunes garçons qui ont rêvé de devenir pilotes de course ou astronautes et qui le sont devenus, non ? Ce type d'objectifs nous permet de choisir et de définir nos objectifs quotidiens à court et à long termes. De plus, quelles que soient les difficultés qu'il sous-tend, il nous fait faire un pas dans la bonne direction. Gardez toujours à l'esprit que vous ne gagnerez jamais une course à laquelle vous ne participez pas !

Les objectifs à long terme peuvent prendre une ou plusieurs années à atteindre ; ceux-ci vous permettent de visualiser où vous serez, ce que vous ferez à un certain moment. Parfois, ils peuvent avoir l'air si lointains – lorsqu'on est jeune, le temps semble s'écouler si lentement qu'on a l'impression qu'une année est une éternité ; lorsqu'on est âgé, le temps coule si vite qu'on croit qu'on n'en aura jamais assez – qu'il vaut mieux les découper en objectifs à court terme.

Par exemple, si vous décidez de courir un marathon, les buts que vous vous fixerez à court terme vous permettront d'atteindre plus facilement votre objectif final. Ainsi, vous pouvez décider de courir 1 kilomètre de plus chaque semaine ; chaque fois que vous courez, et chaque semaine où vous ajoutez 1 kilomètre à votre parcours, vous saurez que vous vous rapprochez de votre objectif.

L'avantage des objectifs à court terme, c'est qu'ils donnent des résultats tangibles plus facilement et plus rapidement. Vous devez donc apprendre à vous fixer des buts qui vous font avancer petit à petit vers votre objectif ultime, qui vous procurent suffisamment de défi pour vous amener à vous dépasser. Cela dit, méfiez-vous des objectifs irréalistes. Ainsi, il est inutile de vous fixer comme objectif de vouloir courir un marathon complet après seulement quelques semaines d'entraînement si vous n'avez jamais couru de votre vie.

Personne ne saura accomplir cet exploit sans un minimum de préparation.

L'abandon n'est pas une solution

Il peut arriver que les étapes menant à l'atteinte d'un objectif soient mal définies et parfois difficiles à déterminer et à réaliser. Pour éviter de céder au découragement et à l'abattement, il importe de vous attarder régulièrement sur ce que vous avez accompli, les gestes que vous avez faits, et d'évaluer comment ils vous ont aidé à vous approcher de votre objectif.

Trop de gens se fixent des objectifs, mais finissent par les oublier et tout abandonner après quelques semaines. On n'a qu'à penser aux fameuses résolutions du Nouvel An où l'on se promet de cesser de fumer ou de fréquenter le gymnase tous les jours pour y perdre un peu de poids. Ce genre de décisions ne dure pas, essentiellement parce que l'on n'y croit pas vraiment. Certes, on a peut-être envie de perdre un peu de poids, mais pas au point d'en faire une priorité.

Voilà pourquoi il est essentiel que vous choisissiez vos objectifs selon vos goûts et vos besoins, et non en fonction de ce que votre entourage voudrait vous voir faire. En d'autres termes, il est inutile de vous fixer comme objectif d'arrêter de fumer si vous n'en avez pas vraiment envie, car vous aurez bien peu de chances de réussir. Pour atteindre votre objectif, vous devez être intimement convaincu que cela est bon pour vous; si vous n'y croyez pas vraiment, vous serez incapable de faire les choix et les sacrifices qui s'imposent.

Certaines personnes échouent aussi dans l'atteinte de leurs buts parce qu'elles n'ont pas vraiment envie de les atteindre; elles préfèrent conserver leur train de vie actuel – leurs acquis – plutôt que de faire des compromis ou des sacrifices. Ces personnes ne concrétiseront jamais leurs rêves.

Lorsque l'on décide d'accomplir quelque chose, surtout un objectif à long terme, il faut s'y engager et être prêt à tout pour y arriver. Le succès ne s'acquiert qu'au prix d'efforts soutenus.

Une autre cause de renoncement, d'abandon des objectifs, est le manque de suivi. Même si vous croyez en votre but, il est tout à fait normal que votre intérêt s'en trouve amenuisé si vous ne vous y intéressez pas quotidiennement. Vous devez donc trouver des moyens de garder votre objectif bien en tête, de manière à éviter les distractions pouvant vous retarder dans sa réalisation. Par exemple, les athlètes utilisent souvent un calendrier où ils inscrivent la date de leur compétition à l'aide d'un gros crayon rouge. Si vous avez envie de vous procurer la voiture de vos rêves, gardez-en une photo sur le coin de votre bureau et inscrivez les sommes économisées en vue de son acquisition sur un papier que vous pourrez consulter lorsque vous en aurez envie. Vous pouvez aussi tenir un petit journal de bord où vous noterez vos progrès et détaillerez ce que vous avez fait ou ce que vous pourriez faire pour atteindre votre but. Bref, vous devez constamment être en mesure d'évaluer votre progression; autrement, la vie se chargera de vous mettre autre chose sous les yeux.

N'ayez pas peur non plus de parler de ce que vous désirez réaliser aux membres de votre entourage, même si certains vous diront que votre objectif n'est pas réaliste ou que vous n'y arriverez jamais. Cela a peu d'importance. En revanche, en en parlant à haute voix, vous réussirez à exprimer clairement ce que vous cherchez à atteindre et les moyens que vous utilisez ou comptez utiliser. Cela alimentera votre réflexion et vous permettra très certainement de poser de nouveaux jalons.

Apprenez à vous connaître

Vous est-il déjà arrivé, après avoir vécu une situation de crise, de vous dire : « Si j'avais su, je n'aurais jamais fait ça » ou « Si j'avais su, je n'aurais jamais fait ça comme ça » ? Allez ! Soyez honnête, cela vous est arrivé comme cela arrive à tout le monde. Lorsque nous ressentons trop de pression, nous pouvons souvent prendre de mauvaises décisions. Vous ne trouverez pas d'ouvrages vous expliquant comment éviter ce genre de situations, car elles font partie de la vie ; par contre, il existe une façon aussi simple qu'efficace pour vous préparer à mieux réagir en pareils cas : vous connaître. Savoir qui vous êtes et comment vous réagissez lorsque certains événements se produisent vous permettra de mieux gérer la situation afin d'en tirer des bénéfices.

Il n'est pas facile de connaître intimement qui nous sommes. Parfois, nous préférons ne pas voir la réalité en face et choisir d'ignorer certains détails qui ne nous plaisent pas. Par exemple, plutôt que de nous avouer être toujours de mauvaise humeur le matin, au point d'en être désagréables avec nos proches, nous pouvons préférer leur chercher des torts au lieu de nous rendre à l'évidence : c'est nous qui sommes de mauvais poil ! Le reconnaître et, surtout, l'admettre peut nous permettre d'effectuer les changements qui s'imposent. Il devrait d'ailleurs toujours en être ainsi.

Lorsque vous vous trouverez dans une situation où les choses ne semblent pas se passer comme vous le souhaiteriez, prenez le temps de faire une pause et de vous questionner. Que ressentez-vous sur le moment : de la colère ? de la frustration ? Vous sentez-vous bousculé par les gens ou les événements ? Ou avez-vous simplement peur de quelque chose ? Demandez-vous ensuite ce que vous pouvez faire pour remédier à la situation. Parfois, la solution à nos problèmes se trouve en nous, et nulle part ailleurs. Oui, c'est vous, juste vous qui avez le pouvoir de choisir votre humeur. Il en est ainsi dans de nombreux aspects de votre vie, car tout n'est qu'une question de perspective. Si vous choisissez de voir le côté négatif de la vie, vous n'aurez aucune difficulté à faire ressortir le négatif de tout ce qui vous entoure; à l'inverse, il est aussi possible de trouver du positif dans tout.

Construisez-vous une image mentale de qui vous êtes. Chaque fois que vous apprenez quelque chose sur vous, notez-le mentalement. Ce n'est pas un exercice futile, car celui qui se connaît bien possède un avantage sur les autres: il a le contrôle sur lui-même. Plutôt que d'avoir peur et de perdre ses moyens lors de situations difficiles, celui qui se connaît saura pourquoi il a peur et pourra choisir de l'ignorer pour le moment. C'est un peu comme connaître à l'avance le déroulement d'une partie de sa journée. On peut ainsi éviter certaines erreurs et faire des choix plus éclairés.

Apprenez à maximiser votre temps

Il existe une contrainte commune à tous : le temps. Peu importe votre âge, votre personnalité, vos désirs, vous n'avez que 24 heures par jour à consacrer à la réalisation de vos objectifs. C'est bien peu de temps. Aussi est-il extrêmement important d'apprendre à le gérer, de bien choisir ce que vous faites et le moment où vous le faites, puisque chaque minute qui passe est irrémédiablement effacée et ne reviendra jamais. Si vous décidez de consacrer du temps à quelque chose en particulier, vous choisissez de ne pas faire autre chose. Si vous décidez d'écouter un film, par exemple, vous choisissez de ne pas voir vos amis, de ne pas appeler vos parents, etc.

Bien sûr, il est parfois difficile de changer nos habitudes, de trouver du temps pour commencer de nouveaux projets, pour faire le premier pas dans la réalisation de nos buts. Les journées peuvent sembler bien courtes tellement elles sont remplies. C'est là qu'une gestion efficace de votre temps peut vous être utile pour tirer le meilleur de vous et atteindre vos objectifs.

Commencez donc par déterminer le temps que vous perdez ou que vous gaspillez quotidiennement. Lorsque vous souhaitez vous arrêter, ne serait-ce que quelques minutes, demandez-vous si vous avez fait toutes les tâches que vous aviez planifié faire. Il arrive fréquemment que les gens se laissent distraire et délaissent leurs tâches pour une raison ou pour une autre. Ne tombez pas dans ce piège.

Une gestion efficace du temps nécessite un certain équilibre entre des activités productives et des moments de détente. Une personne qui travaille sans relâche finira par se fatiguer ou par manquer de souffle ; à l'inverse, si elle passe son temps à se détendre, elle n'arrivera à rien. Vous devez donc apprendre à doser vos efforts.

Par ailleurs, certains moments de notre vie relèvent d'activités ou d'événements hors de notre contrôle. Nous passons beaucoup de temps dans notre voiture, dans les autobus ou simplement dans les salles ou les files d'attente. Tous ces moments sont difficiles à contrôler et à prévoir, mais nous devons néanmoins en tenir compte pour arriver à mieux gérer notre temps. Par exemple, procurez-vous un agenda et inscrivez-y tout ce que vous avez à faire dans votre journée, en prenant bien soin de mesurer le temps que nécessite chaque tâche ; cela vous permettra de ne pas perdre de temps à vous demander ce que vous avez à faire ou pourrez faire.

Cette planification peut se faire à long terme. Si vous avez des rendez-vous incontournables ou des tâches importantes, inscrivez-les sur votre calendrier pour ne pas les oublier. Celui-ci vous donnera en outre une vue d'ensemble de la situation, ce qui vous permettra d'arriver à prévoir plus facilement le déroulement de vos journées. Ainsi, vous serez en mesure de regrouper les activités qui ont lieu au même endroit ou à proximité et de limiter d'autant le temps des déplacements.

Ne remettez pas inutilement à demain les tâches que vous devez ou pouvez accomplir aujourd'hui. Retenez que plus vous accumulez de tâches, plus il vous semblera impossible de tout faire et plus vous aurez de difficulté à conserver votre motivation. Bref, vous devez apprendre à bien gérer vos priorités, distinguer les tâches que vous devez faire de celles que vous avez envie de faire.

Faites-vous confiance

Vous êtes la seule personne responsable de ce qui vous arrive. Peu importe votre degré de motivation, vos choix, vos succès ou vos échecs, vous devez admettre et accepter que ce qui vous arrive est la conséquence de ce que vous avez fait. Certes, ce n'est pas toujours facile, mais c'est essentiel.

Accepter sa responsabilité, c'est accepter la possibilité d'avoir à subir un échec. Les gens mal préparés à cette éventualité en sont souvent très affectés, tant et si bien que cet état d'esprit touche inconsciemment leur façon d'être et d'agir. Tout au long de leur vie, ils auront de la difficulté à progresser parce qu'ils auront peur de se tromper ou de commettre des erreurs. D'ailleurs, nombre de personnes ont si peur de l'échec et de perdre leurs acquis qu'elles préfèrent ne pas bouger et accepter le sort qui leur est imposé, même si cela les rend malheureuses. Ce sont d'ailleurs souvent ces mêmes personnes qui rejetteront sans cesse le blâme sur les autres lorsqu'un problème ou une embûche se présentera.

Si vous adoptez ce genre de comportement, non seulement n'êtes-vous pas honnête envers vous-même, mais vous n'arriverez jamais à tirer le meilleur de vous parce que ce sera toujours «à cause des autres». Cessez ce petit manège pernicieux. Apprenez à vous faire confiance et à affirmer ce que vous êtes. Acceptez l'idée que ce qui vous arrive découle de vos décisions et de vos actions. En un mot comme en cent, prenez le contrôle de votre vie et réalisez le pouvoir que vous possédez.

Bien sûr, il est toujours très agréable de se reposer, d'autant que le quotidien peut devenir stressant et épuisant. Toutefois, il est essentiel de se garder occupé et actif car les gens qui ne fournissent jamais d'efforts n'arrivent jamais à rien. Si vous attendez que les choses se fassent d'elles-mêmes, vous attendrez toute votre vie et n'accomplirez rien. Fixez-vous des buts, faites des efforts et vous verrez que vous en récolterez des bénéfices. Le plus long des voyages commence toujours par un simple pas.

Chapitre 5

Comment développer votre esprit et vos compétences

En entreprenant la lecture de ce livre, vous avez marqué une étape importante de votre développement personnel parce que vous avez ni plus ni moins choisi de prendre un moment de votre vie pour vous concentrer sur vous-même. C'est un peu comme un éveil. Vous avez envie de savoir où vous en êtes et, par le fait même, vous désirez vous assurer que vous avancez dans la bonne direction. Pourtant, certaines personnes vivront toute leur vie sans jamais se poser ce genre de questions.

Lorsque vous étiez jeune, vos parents et les institutions scolaires se sont chargés de vous encadrer. Puis, vous avez acquis votre liberté, développé votre autonomie et poursuivi tranquillement votre chemin jusqu'à l'âge adulte, souvent sans trop vous interroger. Pourtant, même si vous pratiquez un métier qui vous passionne et que vous avez une vie familiale et sociale bien remplie, vous ne devez pas pour autant vous perdre de vue, bien qu'il soit parfois tentant de vous laisser aller et de suivre simplement le cours des choses. Surtout que, jour après jour, la famille, le travail et les loisirs vous occupent probablement au point que vous avez l'impression de manquer de temps. C'est tout à fait normal, la plupart d'entre nous vivent dans un état d'agitation permanente, oubliant que ce sont les choix que nous avons faits qui nous ont placés dans ce genre de situation.

Vous devez donc vous efforcer de (re)trouver un peu de temps pour vous, que vous pourrez mettre à profit pour la poursuite de votre développement. C'est un peu comme si vous deveniez tout à coup votre propre professeur et que vous preniez votre éducation personnelle en main.

Un univers de possibilités s'offre à vous

Lorsque vous êtes entré à l'école, vous ne saviez ni lire ni écrire. Pourtant, en quelques années, vous avez appris à maîtriser une ou même deux langues, à jongler avec les mathématiques et vous avez été initié à une foule de connaissances générales qui vous sont probablement utiles tous les jours de votre vie. Si vous avez été capable d'apprendre toutes ces choses en une dizaine d'années, imaginez ce que vous pourriez apprendre maintenant, avec votre bagage de connaissances et d'expériences, si vous vous remettiez à l'étude. Dans dix ans, les progrès que vous aurez faits pourraient être immenses, surtout qu'il n'appartient désormais qu'à vous de développer ce qui vous intéresse.

Imaginez les possibilités qui s'offrent à vous. Si vous avez toujours rêvé de devenir menuisier mais n'en avez jamais eu l'occasion, vous pouvez le devenir en moins de quelques années. Il vous suffit de vous structurer un peu. Pour y parvenir, vous devrez, par exemple, apprendre les techniques de manipulation et de transformation du bois. Vous pouvez le faire en vous inscrivant à un cours du soir ou encore en lisant des livres ou des magazines consacrés à ce sujet. Vous pouvez aussi vous attaquer directement au problème et vous installer à l'établi pour faire vos propres expériences et découvertes. Certaines personnes préfèrent apprendre avec un professeur qui leur enseigne l'abc des techniques, tandis que d'autres ont l'habitude de travailler seules et d'apprendre dans les livres. D'autres encore préfèrent apprendre «sur le tas». La méthode d'apprentissage importe peu, ce qui compte, c'est découvrir quelle méthode fonctionne le mieux pour vous.

Certes, tout autant que Rome ne s'est pas bâtie en un jour, vous ne maîtriserez pas parfaitement votre nouveau sujet en quelques semaines. Toutefois, cela ne doit pas vous décourager. Devant une chose que l'on ne connaît pas, il est normal d'avoir l'impression que l'on n'y arrivera jamais. Pourtant vous lisez, vous écrivez. N'avez-vous pas appris à comprendre les subtilités de la langue française en quelques années seulement, alors que certains, qui parlent d'autres langues, la trouvent affreusement difficile à maîtriser? C'est bien la preuve, s'il en faut, que vous pouvez apprendre et maîtriser tout ce que vous voulez si vous y mettez les efforts nécessaires.

Faites preuve de persévérance

Rien n'est à votre épreuve, de la plus simple tâche aux mathématiques quantiques! Le mot clé pour y parvenir est persévérance. Vous ne devez pas renoncer aux premières difficultés, vous devez poursuivre, aller de l'avant. Vous ne devez pas non plus vous laisser abattre par l'opinion des autres – et ils seront sans doute nombreux à vous adresser des remarques moqueuses: «Mais pourquoi donc as-tu besoin de "ça"?»

La réponse est simple. Acquérir de nouvelles connaissances, développer de nouvelles aptitudes ou de nouveaux talents, est le moyen le plus concret de tirer le meilleur de vous-même. Ce qui est aussi fantastique dans l'apprentissage, c'est que vous finirez par vous entraîner à apprendre plus efficacement: plus vous apprendrez, plus vous apprendrez à apprendre! En d'autres termes, vous aurez plus de facilité à comprendre et à assimiler de nouvelles connaissances. N'oubliez pas que votre cerveau fonctionne exactement comme un muscle: si vous l'utilisez fréquemment, il se développera et deviendra plus efficace; en revanche, si vous le laissez inactif, il s'amollira et aura de la difficulté à bien fonctionner. C'est donc en le stimulant le plus souvent possible que vous en ferez un outil de plus en plus efficace. C'est ce que font les gens que l'on dit intelligents, ces gens qui inspirent confiance aux autres, ceux auxquels on a tendance à se référer lorsque des questions restent sans réponses. Vous pouvez vous aussi être de ceux-là. Et en ayant la confiance des gens qui vous entourent, vous verrez s'ouvrir devant vous un nombre impressionnant de possibilités.

Tirez le meilleur de vous-même

En développant de nouveaux outils, vous développerez aussi votre confiance en vous. Plus vous accumulerez de connaissances, plus vous serez préparé à affronter les imprévus. Si vous avez appris à changer un pneu de voiture, vous saurez réparer votre véhicule en cas de panne sans avoir à vous en remettre à quelqu'un d'autre; si vous avez acquis des connaissances sur la politique, vous pourrez entretenir une conversation avec votre voisin sans avoir l'air d'un ignare; si vous comprenez la finance, vous pourrez non seulement comprendre l'un des moteurs de la société, mais aussi faire des choix d'investissements judicieux qui pourraient vous assurer une retraite confortable. Bref, vous serez en mesure de tirer le meilleur de vous dans chaque situation.

En vous assurant un cerveau vivace, vous augmenterez l'influence que vous avez sur les autres, car il est indéniable que les gens qui ont beaucoup de connaissances ont aussi plus de facilité à tenir des conversations sur une multitude de sujets. Cela vous ouvrira aussi fort probablement des portes que vous ne croyiez jamais pouvoir franchir.

Cela dit, même les plus grands esprits ont leurs limites. Eh oui, même le plus érudit des savants ne peut pas tout savoir! Il est alors primordial de savoir où et comment trouver l'information dont vous aurez besoin au quotidien. Vous devrez faire l'exercice de lire un ou deux journaux tous les jours car ils constituent des sources d'information de première qualité accessibles en tout temps. Il est important de les lire pour rester au fait des développements dans le monde des affaires ainsi que sur les plans politique et international. De plus, les articles d'opinions sont un moyen de stimuler votre pensée et de vous amener à réfléchir sur des sujets d'actualité. Il en va de même avec les bulletins d'informations et les documentaires présentés à la télé. Bien entendu, il y a les livres. Chaque domaine a ses ouvrages de référence, certains généralistes et d'autres spécialisés. Si vous cherchez quelque chose de précis, c'est probablement là que vous le trouverez le plus facilement. Bien sûr, il y a Internet, mais avec un bémol, puisque les informations qu'on y trouve, surtout sur les sites personnels, ne sont pas toujours exactes. Néanmoins, il s'agit d'un outil de recherche intéressant, à la condition de savoir naviguer efficacement, d'avoir suffisamment de temps pour valider les informations qu'on y recueille.

Les gens informés possèdent un avantage notable sur les autres. En étant mieux informé, vous serez en mesure de prendre de meilleures décisions. Par exemple, si vous lisez que les taux d'intérêt relatifs à l'hypothèque d'une maison seront considérablement réduits dans quelques mois, vous attendrez ce moment pour acheter votre nouvelle demeure. Les gens qui ignorent cette nouvelle continueront d'acheter et paieront plus cher. Ainsi, vous aurez réussi à épargner grâce à vos connaissances.

Diversifiez vos apprentissages

Si le désir d'apprendre est important, il faut tout de même le faire efficacement. Bien sûr, vous pouvez concentrer vos efforts dans une seule direction afin de vous spécialiser dans un domaine et le maîtriser comme un virtuose. Cela peut s'avérer profitable, particulièrement si vous voulez éventuellement y faire carrière ou encore s'il s'agit d'un domaine connexe à celui dans lequel vous travaillez. Cela dit, aussi important soit-il de pousser à fond nos connaissances dans notre domaine de prédilection, il faut aussi garder à l'esprit que la vie ne se résume pas qu'à une spécialité et, dans cette perspective, il

importe de diversifier nos apprentissages et nos connaissances.

Diversifier nos apprentissages signifie qu'il faut sans cesse
continuer d'apprendre, ce qui nous permet d'oublier le moins
de choses possible puisque notre cerveau aura tendance à
créer des liens entre la nouvelle information recueillie et ce
que nous savions déjà de ce sujet. Avec le temps, sans que nous
en ayons conscience, certains liens s'établiront entre les informations que nous avons recueillies. Ce que nous savons sur
les trains est relié, par exemple, à ce que nous connaissons
sur les gares ; ce que nous connaissons sur les gares est relié
à ce que nous savons sur les hôtels de ville que nous avons
visités, etc.

Chaque personne apprend toutefois de manière différente. Il n'existe pas une méthode d'apprentissage qui convienne à tous les types de personnalité. Comme nous l'avons
vu, certains auront de la difficulté à apprendre sans pratique,
tandis que d'autres n'auront qu'à lire un livre pour comprendre l'abc d'une nouvelle discipline et s'y aventurer avec
succès. Cela dépend naturellement des aptitudes de chacun.
Par exemple, certaines personnes sont visuelles, c'est-à-dire
qu'elles sont plus sensibles aux choses qu'elles peuvent voir ;
elles apprendront plus facilement en regardant un enregis-
trement vidéo, des photos ou des graphismes qu'en lisant
nombre de pages de textes. D'autres sont plus sensibles aux
stimuli auditifs. Celles-ci préféreront les cours magistraux
aux séances pratiques parce qu'elles retiendront plus facilement ce qui a été dit plutôt que ce qui a été montré. Toutefois,
il existe des personnes qui ne sont ni auditives ni visuelles et
qui préfèrent faire les choses d'elles-mêmes (en les manipu-
lant) plutôt que de se les faire expliquer.

Il importe donc de savoir distinguer quel type d'apprentissage vous est le plus profitable, car cela vous permet de
maximiser le temps que vous y consacrez et d'augmenter votre
taux de rétention. Néanmoins, que vous soyez visuel ou audi-

tif, il peut être intéressant de faire l'effort d'apprendre en utilisant une méthode avec laquelle vous n'êtes pas le plus à l'aise parce que votre cerveau se trouvera alors face à un défi de taille dont vous pourriez retirer d'importants bénéfices. Vous développerez de nouvelles aptitudes et favoriserez la création de liens entre les diverses parties de votre cerveau. Par exemple, si vous êtes une personne manuelle qui apprend en utilisant ses mains, procurez-vous un livre sur un sujet qui vous intéresse et faites l'effort de lire quelques pages par jour. Il vous faudra probablement beaucoup plus de temps qu'une autre personne pour terminer votre lecture, mais vous aurez contribué au développement de vos compétences en stimulant de nouvelles régions de votre cerveau.

Les scientifiques ont démontré que notre cerveau est divisé en deux hémisphères qui ne sont pas identiques et que chacun est responsable d'un type de pensées et d'une série de facultés. L'hémisphère gauche, par exemple, représente notre côté logique et rationnel. Les informations sont traitées une à la fois, de manière séquentielle et logique – c'est là que sont traitées et retenues les mathématiques ou les règles grammaticales. L'hémisphère droit constitue le côté intuitif. Il est responsable de notre créativité et de nos émotions, et régit notre imagination. Les informations qui y sont traitées toutes à la fois sont complexes.

Lorsque nous sommes confrontés à une nouvelle expérience, celle-ci est traitée à la fois par les deux hémisphères de notre cerveau, ce qui crée des liens; par exemple, nous pouvons avoir recours à notre créativité pour résoudre un problème théorique. Donc, plus nous créerons de liens dans notre esprit, plus nous serons en mesure d'affronter de nouvelles situations.

Concentrez-vous et tentez de voir les choses de manière plus rationnelle. C'est en prenant conscience de cette dualité dans votre esprit que vous arriverez à mieux contrôler les informations qui y sont traitées.

Faites travailler vos neurones

À l'image d'un culturiste qui passe plusieurs heures par jour au gymnase, il est possible de devenir un athlète «mental» et de réaliser des prouesses sur ce plan.

De nos jours, de nombreux outils ont été développés pour contribuer au développement de nos capacités mentales, mais trop d'entre nous ont développé une forme de paresse; ainsi, plutôt que de nous creuser les méninges, de faire un effort intellectuel, nous avons tendance à recourir aux solutions faciles. Par exemple, combien d'entre nous préfèrent utiliser la calculatrice pour effectuer de simples calculs alors qu'ils seraient capables de les réaliser mentalement ou à l'aide d'un crayon et d'une feuille de papier? Poser la question, c'est y répondre.

Les mathématiques sont un excellent moyen de garder votre cerveau sur le qui-vive. Si vous avez une multiplication ou une division à effectuer, faites-le à l'aide d'un crayon et d'une feuille de papier et vous verrez, à la longue, que vous deviendrez aussi efficace que votre calculatrice. Certains jeux sont aussi bénéfiques pour notre cerveau, comme ceux qui nous amènent à faire un usage intensif de notre capacité de mémorisation. Si votre mémoire est efficiente, vous aurez beaucoup plus de facilité à vous rappeler vos rendez-vous de la journée, vos obligations et mille autres informations qui vous aideront dans votre vie et votre travail.

Le développement de votre mémoire est prioritaire, car elle joue un rôle important dans votre vie de tous les jours. Lorsque votre patron vous expose sa manière de penser, lorsque vous entendez une nouvelle à la radio ou lorsque vous réfléchissez à ce que vous pourriez faire pour résoudre un problème, c'est la capacité de votre mémoire qui décidera de la quantité et de la qualité d'informations que vous réussirez à stocker. Plus votre mémoire sera efficace, plus vous aurez d'informations à votre disposition et plus vous serez en mesure d'agir dans les différents aspects de votre vie. Vous serez ainsi en mesure de résoudre de nombreux problèmes en vous référant uniquement aux connaissances que vous avez emmagasinées.

Des moyens faciles permettent de stimuler votre mémoire. À l'image de votre cerveau, il suffit de vous en servir pour en faire un outil de plus en plus efficace. Il existe une méthode très simple pour mémoriser des informations qui n'ont aucun lien entre elles: créez une histoire dans laquelle vous incorporez les différents éléments que vous tentez d'apprendre. Cela vous permettra ainsi d'associer les mots à retenir à une histoire de votre cru (certaines personnes inventent même des chansons pour se rappeler une série de mots). L'objectif est de réaliser un lien entre les différentes choses que vous tentez de mémoriser.

Il nous arrive tous de nous dire: «Je dois retenir ceci.» Tous les jours, nous avons la chance d'être exposés à une foule d'informations qui peuvent nous être utiles. Malheureusement, malgré notre désir de tout retenir, il est possible que notre esprit finisse par oublier certains détails qui pouvaient nous sembler futiles au moment où nous les avons appris. Ce que nous avons lu dans le journal du matin, ce que notre patron nous a dit ou ce que nous avons eu comme idée en déjeunant peut être facilement oublié si notre attention est détournée. Puis, le lendemain, une semaine ou un mois plus tard, alors que nous chercherons une réponse à une question, nous nous dirons: «Allons! Je sais de quoi il s'agit...» sans pour autant parvenir à nous rappeler précisément ce dont il était question.

Eh oui, la mémoire est une faculté qui oublie! Voilà pourquoi il est important d'apprendre – peu importe votre capacité de mémorisation – à noter les informations qui vous semblent importantes ou intéressantes sur un bout de papier ou dans un calepin prévu à cet effet et que vous pourrez consulter si vous en avez besoin. Mais attention, votre prise de notes doit être efficace. Trop de gens ont tendance à écrire leurs idées en détail, à l'aide de phrases complètes et bien structurées. Cette manière de fonctionner est longue et généralement peu efficace. En fait, vous devriez simplement chercher à cerner le plus précisément possible l'idée que vous voulez noter. Souvent, quelques mots suffisent. À la fin de la journée ou de la semaine, ou au rythme que vous déciderez, prenez un moment pour les revoir et les réviser. Vous serez surpris de constater que certaines de vos idées méritent d'être développées.

Explorez votre créativité

La créativité est un outil essentiel pour tirer le meilleur de soi. D'ailleurs, les gens créatifs possèdent un avantage indéniable sur les autres. Cela s'explique par le fait que lorsqu'ils sont confrontés à un problème de nature inconnue ou un sujet qu'ils maîtrisent mal, ils ont une facilité impressionnante à inventer ou à découvrir de nouvelles solutions grâce à leur imagination.

Nous naissons tous avec un grand potentiel de créativité. Enfants, très peu de connaissances factuelles viennent entraver notre imagination, ce qui fait qu'il est plus facile de nous laisser aller et de dessiner ce qui nous passe par la tête ou de nous inventer des mondes imaginaires pour le simple plaisir. Avec le temps, nous apprenons que les mondes imaginaires n'existent pas et nous finissons par nous dire qu'il est inutile de nous les représenter. Peu à peu, parce que nous ne nous en servons plus, cette créativité s'estompe, parfois jusqu'à disparaître. Heureusement, il est possible de la stimuler pour la faire émerger à nouveau. Bien sûr, peut-être vous dites-vous que vous n'êtes pas doué, que vos derniers dessins remontent à la petite école et que, déjà à ce moment, on ne vous reconnaissait aucun talent. Cela importe peu parce que la créativité n'a rien à voir avec une habileté dans le dessin ou dans toute autre forme d'art.

En fait, on a tendance à confondre créativité et sens artistique. Les artistes sont ceux qui s'expriment à travers un médium, comme le dessin ou la peinture. Leur créativité y est représentée par l'originalité des images et des représentations qu'ils nous offrent de la vie. Toutefois, la créativité peut aussi être exprimée de bien d'autres façons. Par exemple, les inventeurs sont créatifs. Ils réalisent des choses qui n'existaient pas et qui s'avèrent utiles. Et ce n'est pas une question de complexité. Beaucoup d'inventions sont si simples qu'on se demande pourquoi personne n'y avait pensé avant. Les cuisiniers sont créatifs; ils inventent de succulentes recettes originales en mélangeant différents ingrédients de tous les jours. Les architectes sont créatifs, de même que les romanciers. La liste est très longue, ce qui montre bien que l'on a l'embarras du choix lorsque vient le temps de choisir un moyen de travailler sa créativité.

L'important est de ne pas vous censurer. Il n'y a rien de pire que de laisser de côté certaines idées en les jugeant mauvaises trop rapidement. Plutôt que de vous dire que telle idée n'est pas bonne, notez-la sur un papier et gardez-la en réserve. On ne sait jamais, elle pourrait vous apparaître meilleure après quelque temps.

N'ayez pas peur non plus de regarder ce que font les autres. Parfois, analyser le travail et les résultats d'un de vos collègues ou compétiteurs peut vous donner de formidables idées. Dans le monde de la publicité, les créatifs sont constamment à l'affût des réalisations des autres agences. En se gardant informés et en s'exposant aux idées des autres, ils parviennent à stimuler leur propre créativité. Il en est d'ailleurs ainsi dans tous les domaines : plus vous vous exposerez à un sujet, plus votre esprit s'habituera à son langage et à ses particularités. Rappelez-vous également qu'on ne peut pas toujours tout inventer. L'inspiration peut provenir de choses existant déjà que l'on adapte à ses besoins et à sa réalité.

Chapitre 6

Comment gérer votre vie

Il est très difficile de se concentrer et d'organiser sa vie. Certaines personnes semblent avoir beaucoup plus de facilité à gérer leur temps que d'autres. Cela tient parfois à quelques détails, l'ordre par exemple.

Tout d'abord, faites le ménage de votre maison

Avant même de tenter de mettre de l'ordre dans votre vie, vous devez commencer par mettre de l'ordre là où vous vivez. Votre maison est l'endroit où vous passez probablement le plus de temps. Vous y mangez, vous y dormez, vous vous y réveillez. Lorsque vous rentrez du travail, fatigué, la tête pleine de préoccupations, il peut être difficile de penser de façon ordonnée dans une maison où règne la pagaille. Si l'évier de la cuisine déborde de vaisselle sale et que vous en aurez pour au moins une heure à laver, à frotter et à essuyer, il y a fort à parier que le souper sera non seulement expédié rapidement, mais qu'il sera également une corvée! Si votre cuisine avait été propre, la préparation du repas aurait été beaucoup plus rapide et probablement plus agréable. Il en va de même pour toutes les pièces dans lesquelles vous vivez.

Bien sûr, la plupart des gens détestent faire du ménage. Ils ne s'y livrent que parce que cela est nécessaire, conscients qu'une demeure en désordre n'a rien d'invitant. Mais combien passent leurs week-ends à manier plumeau et balai simplement pour nettoyer et remettre en place ce qu'ils ont utilisé pendant la semaine? Une manière efficace de garder sa maison propre est de faire un peu de ménage tous les jours. Plutôt que de réserver votre samedi ou votre dimanche matin au grand ménage hebdomadaire, consacrez-y chaque jour 20 minutes. Balayez le lundi, lavez vos vêtements le mardi, etc. Vous pouvez aussi diviser cette période de 20 minutes en petites tranches de 5 minutes. Par exemple, remplissez votre lave-vaisselle et faites-le fonctionner tous les soirs avant d'écouter la télévision (5 minutes); prenez une pause pendant la soirée pour mettre quelques vêtements dans la machine à laver (5 minutes). Plus tard, avant de vous coucher, prenez 10 minutes pour mettre votre linge à sécher et vider le lave-vaisselle. Le truc, c'est d'intégrer les tâches ménagères à votre routine quotidienne, ce qui est tout de même moins ennuyeux que de passer un après-midi de congé à faire ces corvées. Si vous prenez l'habitude d'en faire tous les jours, vous travaillerez moins et vous aurez plus de temps pour vous.

« Comment cela peut-il m'aider à tirer le meilleur de moi?» vous demanderez-vous. Eh bien, c'est simple: lorsque vous vivez dans un environnement en désordre, vous avez l'impression que vous avez quelque chose à faire et il est plus difficile d'avoir des idées ordonnées. Prendre le temps de mettre de l'ordre autour de vous contribue à favoriser la détente. N'hésitez pas non plus à décorer à nouveau votre environnement pour favoriser votre bien-être. Si les murs blancs de votre salon vous dépriment, osez choisir des couleurs qui vous ressemblent et qui vous stimulent. Il suffit parfois de peindre une pièce pour la transformer du tout au tout.

Dans le même ordre d'idées, évitez d'accumuler ces choses dont vous ne vous servirez jamais. Faites le tour de votre demeure et demandez-vous si tout ce que vous conservez est vraiment important. Vous constaterez que certains objets ne vous ont pas été utiles depuis bien des années. Si vous avez des remords à vous en départir, posez-vous la question suivante : « Qu'est-ce qui pourrait arriver de pire si je m'en débarrasse ? » Allez, faites un effort, videz votre maison de toutes ces choses. Vous créerez ainsi de l'espace pour la nouveauté et aurez moins de choses à ranger lorsque viendra le temps de faire le ménage.

Apprenez à vous concentrer

Il existe une contrainte commune à tous les individus : le temps. Qui que vous soyez, quoi que vous fassiez, vous n'avez que 24 heures par jour à consacrer à la réalisation de vos objectifs. Et ces journées peuvent sembler bien courtes tellement elles sont déjà bien remplies ! Puisqu'il est impossible de les allonger, il faudra trouver un moyen de maximiser l'utilisation de notre temps. C'est là qu'une gestion efficace du temps peut vous être utile afin que chaque heure soit mise à profit pour faire quelque chose de constructif qui vous fera avancer.

Il arrive fréquemment que nous nous laissions distraire de nos tâches, comme il nous arrive de nous sentir fatigués et d'avoir envie de nous accorder une pause. Il faut cependant éviter que les distractions nous détournent de l'essentiel, comme il importe de nous assurer que ce moment de détente que nous voulons nous accorder est à propos.

Lorsque vous vous arrêtez, demandez-vous si vous avez fini toutes les tâches que vous deviez faire. Si ce n'est pas le cas, cherchez à les terminer avant de vous accorder un moment de détente. Encore là, ce ne doit être qu'une pause, et non un prétexte pour tout laisser en plan jusqu'au lendemain. Retenez toujours que tous les moments que vous consacrez à la détente sont des moments où vous pouvez choisir de faire autre chose.

Avant de décider de faire une activité en particulier, prenez le temps d'analyser la situation dans son ensemble. Posez-vous la question : « Si je fais ceci, à quoi est-ce que je renonce ? » Ainsi, si vous aviez l'intention de tondre le gazon par un bel après-midi d'été, qu'auriez-vous pu faire d'autre ? Les réponses peuvent être nombreuses, vous vous en doutez ! Pas étonnant que beaucoup de gens choisissent de payer un étudiant pour tailler leur pelouse plutôt que de s'en occuper eux-mêmes. Vous devez donc apprendre à évaluer la valeur de chacune de vos activités. Si vous hésitez, dressez une liste des pour et des contre associés à chaque possibilité. Si une liste est plus longue que l'autre, vous saurez quel est le bon choix pour vous.

Pour tout dire, la gestion de votre temps passe par la gestion de vos choix.

Une gestion efficace du temps nécessite un certain équilibre. Vous devez donc vous assurer de répartir équitablement votre temps entre des activités productives et des activités de détente. Si vous passez votre temps à vous détendre, vous n'arriverez à rien ; à l'inverse, une personne qui travaille tout le temps finira par se fatiguer et manquer de souffle. Apprenez à doser vos efforts !

Visualisez le temps dont vous disposez

Bien sûr, pour organiser votre horaire, vous pouvez vous servir d'un agenda où les pages offrent une vue des sept jours de la semaine sur autant de colonnes ; dans ce cas, choisissez-en un où il y a suffisamment d'espace pour écrire et prendre des notes. Vous pouvez aussi utiliser votre ordinateur et y installer un agenda ou un chiffrier électronique dans lequel vous pouvez créer un agenda.

Cependant, il y a plus simple encore. Créez vous-même votre grille-horaire. Il vous suffit de vous procurer une feuille blanche, puis d'y tracer un carré que vous diviserez en sept colonnes de même grandeur. N'ayez pas peur d'employer l'ensemble de la feuille pour faire votre graphisme, car plus votre carré sera grand, plus il vous sera facile de réaliser cet exercice. Les colonnes représentent évidemment les jours de la semaine; vous pouvez les inscrire en prévoyant un espace au-dessus de chacune. Ensuite, tracez 16 rangées dans chaque colonne – une pour chaque heure d'activité, les 8 heures qui restent étant attribuées au sommeil. Vous devriez donc vous trouver devant une feuille où chaque jour de la semaine est subdivisé en 16 périodes de 1 heure, donc 112 par semaine.

C'est le moment de décider de ce que vous avez envie de faire de ces 112 périodes. Commencez par déterminer les activités que vous faites ou que vous aimeriez faire et associez-les à une couleur de votre choix. Par exemple, les heures de travail seront associées à la couleur bleue, celles consacrées à la pratique de vos loisirs en rouge et celles de repos en jaune. N'oubliez pas les tâches ménagères ou toutes celles que l'on ne prend souvent pas en compte; notez-les sur une autre feuille de papier.

Maintenant que vous avez dressé une liste de toutes les choses que vous devez ou désirez accomplir, il vous reste à les classer par ordre d'importance. Qu'est-ce qui a le plus de valeur pour vous? Le temps passé à vous entraîner à jouer au baseball avec vos amis ou celui passé à jouer avec vos enfants? Le temps consacré aux tâches ménagères ou celui consacré à la cuisine? Soyez honnête avec vous-même. Si vous préférez jouer au baseball plutôt que de faire le ménage, classez le baseball au-dessus du ménage dans votre liste.

L'étape suivante consiste à allouer un nombre défini de périodes pour chacune des activités. Par exemple, vous décidez d'en consacrer huit au ménage de la maison, trois à l'entraînement physique, etc. Essayez ensuite de placer ces périodes où vous le désirez sur le carré que vous avez tracé

– et n'oubliez pas de prévoir du temps pour vos déplacements !

À moins d'être extrêmement chanceux ou bien organisé de nature, il est fort probable que vous ayez de la difficulté à placer toutes les périodes sur votre carré, ce qui est tout à fait normal. Ce qui est plus plausible, c'est que vous aurez de la difficulté à placer toutes les activités que vous avez notées. Pour vous faciliter la vie, pensez à bien répartir les tâches en fonction de l'endroit où elles sont prévues et où vous vous trouvez. Certaines activités doivent se faire dans un environnement calme ; consacrez-leur donc les moments où vous serez seul de manière à ne pas être dérangé et à être plus productif. Pensez également à prévoir le temps qui vous sera nécessaire pour vos déplacements. Vous le voyez, vous devrez faire des choix et laisser tomber certaines activités, celles qui se trouvent au bas de votre liste.

Toutefois, vous pouvez réorganiser l'ordre de priorité de certaines activités. Puisque vos décisions affecteront votre vie quotidienne, vous devrez réfléchir avant d'inscrire l'activité que vous avez déterminée au moment où vous la prévoyez, dans le but de respecter le plus possible cette nouvelle organisation de votre temps pour atteindre vos objectifs. Vous devez donc vous assurer d'être réaliste, de faire des choix éclairés et de prévoir suffisamment de temps pour réaliser vos tâches. Il est inutile d'entreprendre des choses que vous ne terminerez pas.

A priori, cet exercice peut sembler un peu futile, voire décourageant, pour certains. Néanmoins, il s'agit d'un moyen très efficace de visualiser le temps dont vous disposez réellement et ce que vous voulez en faire. Vous éviterez ainsi de surcharger vos journées et d'être obligé de remettre à demain des tâches que vous aviez planifiées pour aujourd'hui. Sachez que ces dernières s'accumulent rapidement et font en sorte que vous vous sentiez tout à coup débordé et que vous ayez de la difficulté à garder votre motivation.

Observez bien les gens qui n'ont aucune organisation. Ils vont d'une tâche à l'autre, sans but précis, et finissent par avoir l'impression de ne rien accomplir. Ils époussettent la table du salon, nettoient la douche et font la vaisselle. Une fois leur après-midi de ménage terminé, leur maison semble toujours aussi en désordre. Le travail qui n'a pas été fait prend le dessus sur celui qui a été fait! La vaisselle a beau être propre, mais le comptoir est maculé et le plancher encore sale.

Pour être efficace, vous devriez aussi organiser chacune des tâches que vous avez mises à votre horaire. Reprenons l'exemple du ménage. Commencez par planifier le travail en fonction des pièces que vous devez nettoyer. Ainsi, il sera plus simple de penser en termes de salon, de cuisine, de salle de bain et de chambres. Attaquez tout d'abord la cuisine. Par où devez-vous débuter? Vous pouvez encore une fois subdiviser les tâches; ainsi, vous devez faire la vaisselle, laver le comptoir et nettoyer le plancher. Une fois ces trois tâches terminées, vous aurez une vue d'ensemble des petits détails qui restent à faire pour que votre cuisine soit impeccable. Si vous avez encore du temps, passez à l'autre pièce. Une bonne organisation du temps vous permettra d'en faire beaucoup plus, puisque vous utiliserez chaque minute à une tâche utile plutôt qu'à vous éparpiller et à vous demander quoi faire. Sachez toutefois faire preuve de souplesse car vous ferez très certainement face à des imprévus.

Nous sommes confrontés à une multitude de choix tous les jours de notre vie. Nous devons décider ce que nous mangerons pour le petit-déjeuner, la façon dont nous nous vêtirons, ce que nous ferons en matinée, les sujets que nous aborderons avec nos collègues de travail. Chacune des décisions que nous prenons a des répercussions sur nos vies; aussi, pourrions-nous dire que faire de bons choix est un art.

Faire des choix, par exemple, c'est parfois refuser des invitations faites par des personnes près de nous et en ressentir de la culpabilité. Sachez que même les gens les mieux intentionnés ne peuvent être partout à la fois. Chassez donc une fois pour toutes cette culpabilité que vous ressentez à dire non, surtout lorsque ces demandes arrivent à la dernière minute et viennent chambouler votre horaire. S'il est important de vous montrer disponible pour les gens autour de vous, il est tout aussi important de savoir faire des choix et de prendre les décisions qui sont dans votre meilleur intérêt. Si on vous appelle pour vous inviter à passer une soirée entre amis, mais que vous aviez l'intention de vous reposer à la maison, vous avez le droit de décliner cette offre. Si les gens insistent au point de vous rendre mal à l'aise, rappelez-vous que vous êtes aux commandes de votre vie et personne d'autre. Toutefois, apprendre à faire des choix, c'est aussi accepter de répondre de ses choix. Par exemple, si vous décidez de faire du vélo de montagne, vous devez accepter les risques de blessures rattachés à ce type d'activité.

Accordez-vous du bon temps

Tout le monde a besoin de s'arrêter un moment pour se changer les idées, reprendre un peu son souffle et recharger ses batteries. Trop de gens abusent de leurs forces sans s'en rendre compte; la fatigue s'accumule et, peu à peu, la productivité s'en ressent. C'est normal. Le corps et l'esprit se fatiguent aussi. C'est pourquoi une bonne organisation du temps doit faire place à des moments de détente et de loisir. Idéalement, on devrait essayer de planifier un peu de temps pour se reposer tous les jours. Il n'est pas nécessaire que ce soit une activité exceptionnelle, mais simplement s'accorder un peu de temps pour écouter un film avec la famille, pour lire un livre ou simplement pour se prélasser dans un bain chaud. Peu importe ce que vous choisissez de faire, accordez-vous le temps de le faire.

Vous pouvez vous accorder une journée de (vrai) congé par semaine en ne planifiant rien et en laissant votre imagination décider de votre horaire, ou vous mettez à l'horaire une activité qui vous tente depuis un moment mais que vous n'avez jamais trouvé le temps de réaliser. Pensez aussi à planifier des vacances, au moins une fois par année, question de vous détendre vraiment. D'une part, cela est motivant et stimulant; d'autre part, une fois celles-ci entamées, vous pouvez vraiment décrocher et faire le point.

Trop de gens sont incapables de prendre du repos. Ils culpabilisent à la seule pensée de le faire ou se l'interdisent parce qu'ils ont l'impression de ne pas avoir fait tout ce qu'ils avaient à faire. Oui, c'est vrai, le temps accordé à la détente est celui qui ne peut être consacré à autre chose. Toutefois, en planifiant un moment de détente, cela s'avérera productif car il vous permettra de refaire le plein d'énergie.

Il est impossible de ne pas consacrer quelques lignes au sommeil puisqu'il s'agit d'une des activités les plus importantes de votre journée. Une nuit de sommeil de qualité est la solution à beaucoup de vos problèmes, tout comme une sieste peut aussi l'être (lorsque vous sentez la fatigue vous envahir en après-midi, allongez-vous quelques minutes et vous serez rapidement ragaillardi). Un esprit et un corps reposés vous permettront de tirer le meilleur de vous.

Vous devriez planifier vos heures de sommeil et de sieste dans votre journée, car une certaine routine sur ce plan est bénéfique pour le corps. Il est préférable de prévoir une heure précise pour aller au lit et de s'y tenir. D'une part, vous ne vous coucherez pas épuisé et, d'autre part, cela vous permettra de mieux contrôler l'heure à laquelle vous vous lèverez.

Chaque jour de notre vie, nous avons à concilier famille, travail et loisirs. Il est tout à fait normal que la plupart d'entre nous y arrivent avec difficulté; la situation est simple, nous avons tous beaucoup trop de choses à faire et trop peu de temps pour les accomplir ! Que faire alors ?

Vous avez beau être un as de la planification, vous devez faire des choix. Dans tous les cas, il importe de vous rappeler que vous devez entretenir un certain équilibre dans votre vie. La planification dont nous avons parlé dans ce chapitre, si elle a été faite correctement, vous aidera à connaître non seulement les tâches que vous devez accomplir et le moment où vous devez les faire, mais aussi les temps libres que vous devez vous accorder et comment vous les occuperez. À partir de là, vous ne perdrez plus jamais de temps à vous demander ce que vous pourriez bien faire...

Chapitre 7

Comment prendre le contrôle de votre vie

Certains vivent leur vie comme s'ils en étaient simplement des spectateurs. Ils acceptent ce que la vie leur apporte, éprouvent des difficultés en se disant que demain est un autre jour qui, peut-être, leur sourira. Ceux qui adoptent ce genre d'attitude ont bien peu de chances de se démarquer et d'arriver à développer leur potentiel. Ils vivent comme s'ils n'avaient aucun pouvoir sur elle – en fait, ils ne la vivent pas, ils la subissent. Pourtant, nous avons tous plus de pouvoir que nous le croyons réellement.

Qu'attendez-vous pour changer?

La plupart d'entre nous ont des rêves, mais nombreux sont ceux qui repoussent leur réalisation à plus tard. Ils se disent que leur situation aura changé dans quelques années et ils seront alors plus à même de les concrétiser. Année après année, ils se répètent cette phrase devenue un mantra en repoussant sans cesse à demain le moment de passer à l'action. Il s'agit d'une attitude négative que nous devons éviter car il faut reconnaître que, sans gestes concrets de notre part, la vie ne se chargera pas de réaliser nos rêves pour nous.

C'est en faisant justement des gestes et des actions que nous arrivons à transformer notre quotidien et à poser les jalons en vue d'atteindre un objectif précis. Par exemple, vous habitez peut-être une ville que vous n'aimez pas vraiment. Vous y êtes peut-être né ou encore vous y avez déménagé pour le travail, mais, et peu importe la raison, vous préféreriez habiter ailleurs. Toutefois, vous avez le droit de faire le choix de déménager. Qu'est-ce donc qui vous en empêche? Pourquoi accepter de vivre dans un endroit qui ne vous satisfait pas pleinement? Faites vos boîtes et partez! La vie est courte, aussi bien la vivre dans un endroit qui vous plaît.

Si vous cherchez à tirer le meilleur de vous-même, vous devez vous assurer d'être dans un environnement propice à votre développement personnel. Un peu comme une plante aura besoin de terre, de soleil et d'eau fraîche, vous avez besoin de vous retrouver dans un milieu qui convient à votre épanouissement. Pourquoi ne le faites-vous pas? D'ailleurs, pourquoi ne l'avez-vous pas déjà fait? Vous êtes en contrôle de votre environnement. C'est vous qui avez le pouvoir de décider de rester ou de partir.

Il en va de même d'une foule de détails qui affectent votre vie de tous les jours. Si vous remarquez que l'un ou l'autre ne correspond pas à vos désirs ou à vos attentes ou, pire, nuit à votre développement, il n'appartient qu'à vous de le changer. C'est la même chose pour le travail que vous exercez. Bien sûr, vous devrez faire l'effort de tirer un trait sur un aspect routinier de votre vie qui, dans bien des cas, vous permet de retrouver une certaine quiétude dans vos habitudes, mais vous le pouvez. Non, vous le devez! Il existe beaucoup d'emplois, et il est plus que probable qu'au moins l'un d'eux convienne à vos talents et à vos intérêts. Même si vous ne savez pas exactement quoi faire, consultez des professionnels dont le rôle sera justement de vous orienter vers une carrière à votre image.

Il vaut mieux consacrer quelques mois de sa vie à bien choisir le domaine dans lequel nous évoluerons qu'à rester par habitude dans un emploi qui risque de ne pas nous satisfaire. N'attendez pas de mourir d'ennui ou d'être au désespoir pour changer d'air ; le seul risque que vous prenez en démissionnant d'un emploi que vous n'aimez pas est d'en trouver un autre qui vous plaira un peu plus.

Et si vous n'êtes pas heureux en tant qu'employé, peut-être avez-vous le tempérament d'un entrepreneur ? Posséder sa propre entreprise est certes un moyen d'acquérir rapidement son indépendance, et ce, sur plusieurs plans. En revanche, cela n'a rien de facile. Il faut avoir les nerfs solides et être prêt à travailler de longues heures avant de récolter les fruits de son labeur. D'autres l'ont cependant fait avant vous, ce qui signifie que c'est quelque chose qui n'est pas impossible.

Trop de gens ne réalisent le pouvoir qu'ils ont sur leur destinée que lorsqu'il est trop tard. N'attendez donc pas de tomber malade ou d'avoir un accident pour commencer à vivre. En prenant le contrôle des événements, vous obtiendrez un pouvoir important sur votre destinée. Votre futur sera désormais contrôlé par vos actions et vous aurez le pouvoir d'écrire vous-même la suite de votre histoire.

Apprenez à vous motiver

Il arrive aux meilleures personnes d'avoir envie d'abandonner les projets entrepris, de tirer un trait au crayon gras sur les rêves qui tardent à se réaliser. À force de récolter les insuccès et de voir s'accumuler les difficultés, nous avons parfois l'impression qu'il serait plus simple de cesser de nous battre et d'investir notre énergie ailleurs. Cependant, est-ce vraiment ce que nous devons faire ? Est-ce que nous ne devrions pas plutôt simplement revoir notre motivation ? Si, au départ, nous avions choisi de relever un défi spécifique, c'est que nous avions conclu que le résultat nous serait profitable, et comme ce profit attendu en bout de ligne était certainement intéressant, notre motivation était forte. Peut-être s'est-elle estompée avec les aléas de la vie ou le temps qui passe ?

La motivation peut être considérée comme la quantité d'énergie que nous sommes disposés à dépenser pour relever un défi ou pour réaliser quelque chose qui nous tient à cœur. Les gens très motivés auront tendance à garder la tête haute face aux difficultés éprouvées puisqu'ils accordent une très grande importance à la concrétisation de leurs objectifs. Une personne peu motivée n'arrivera à rien. Si vous participez à un match de football mais que vous n'y voyez aucune importance ni aucun intérêt, il y a peu de chances que votre contribution mène votre équipe vers la victoire. Vous jouerez probablement sans vous investir véritablement et finirez par perdre toute motivation dans la partie.

Il importe donc de bien évaluer la motivation qui vous anime avant d'entreprendre une tâche. En d'autres mots, vous devez avoir un certain intérêt pour ce que vous choisissez de faire. Par exemple, si vous détestez les mathématiques, il est inutile d'entreprendre des études pour devenir comptable car vous risquez non seulement de ne jamais les mener à terme, mais aussi, et surtout, de perdre du temps précieux à étudier quelque chose qui ne vous passionne pas. Vous devez éviter de vous retrouver comme ces individus qui reconnaissent manquer de motivation dans leur travail et qui, tous les jours, s'y rendent avec un seul objectif en tête: «faire» leur journée et retourner à la maison. Ces gens effectuent leur travail sans aucune envie d'accomplir quoi que ce soit, puisque ce qu'ils font ne les intéresse pas.

En fait, plus le bénéfice rattaché à l'accomplissement d'une tâche sera important pour vous, plus l'atteinte d'un objectif sera significative, plus vous serez motivé. Lorsque vous ferez face à un écueil, vous subirez un contretemps ou un échec, ou lorsque vous aurez de la difficulté à atteindre une étape menant à votre objectif, vous serez alors en mesure de fournir l'effort supplémentaire qui vous permettra de continuer de progresser. On trouve un exemple concret de ce type de motivation chez les étudiants qui ont à fournir des efforts colossaux pour réussir leurs examens de fin de session. Menant plusieurs cours de front, ils sont submergés par les études et les travaux, et fournissent les efforts nécessaires pour être prêts au moment voulu et réussir leurs examens. Leur motivation? Le diplôme qui les attend au bout du chemin, l'emploi rêvé et, ultimement, le salaire qui y est rattaché.

Si l'enjeu rattaché à ce que vous faites a une importance capitale à vos yeux, vous aurez une bonne raison de fournir les efforts nécessaires pour mener à terme ce que vous avez entamé. C'est d'ailleurs la raison pour laquelle, avant de vous lancer dans quelque aventure que ce soit, vous devez bien réfléchir à ce que vous allez faire et pourquoi vous voulez le faire. Plusieurs raisons peuvent vous motiver. Vous pouvez avoir envie de vous dépasser vous-même, ou encore de gagner par esprit de compétition, pour améliorer votre sort ou plus simplement pour être reconnu de vos pairs et de vos proches – la reconnaissance sociale peut être une excellente source de motivation.

Souvent, aussi, une certaine forme d'émotion se cache derrière cette quête de la réussite: le plaisir de savoir que vous pourriez être considéré comme le meilleur et que votre entourage vous accordera davantage de respect et, pourquoi pas, d'admiration. Ne nous le cachons pas, c'est souvent dans l'espoir de répondre à un besoin affectif que nous réussissons à nous surpasser!

Si vous savez mieux définir le bénéfice rattaché à chacune de vos activités, vous aurez un meilleur contrôle sur votre motivation. C'est pourquoi vous devriez toujours faire et refaire l'exercice d'analyser les conséquences de l'accomplissement d'une tâche difficile avant de l'entreprendre. Vous devez garder l'idée de réussite dans votre ligne de mire, mais vous devez aussi accepter l'idée que vous pourriez être retardé dans votre avancée pour une raison ou pour une autre. Toutefois, vous devez être convaincu, grâce à votre concentration et à votre pratique, que vous pourrez parcourir la distance sans tomber.

Si vous vivez un échec, et vous en connaîtrez sûrement si vous prenez des risques, vous ressentirez probablement de la faiblesse, de l'incompétence, et vous remettrez vos capacités en question. C'est là une attitude normale, mais vous ne devez pas pour autant accepter la défaite. Si vous le faites, vous baissez déjà les bras en quelque sorte. Pour mieux combattre ces sentiments négatifs, il faut que vous vous remettiez au travail et que vous vous répétiez que vous êtes compétent et que vous avez ce qu'il faut pour réussir.

Défiez les obstacles

Il faut bien garder à l'esprit que même les gens les plus talentueux et les plus persévérants rencontrent des obstacles sur leur parcours et trébuchent un jour ou l'autre. Souvent, ces obstacles surviennent au moment où vous vous y attendez le moins. Alors que votre projet allait bon train, que votre moral était au beau fixe et votre motivation indéfectible, voilà que vous êtes arrêté dans votre progression soudainement et brutalement. Vous pouvez tomber malade, manquer d'argent pour faire avancer votre affaire, perdre un gros contrat, etc. Que faire alors ? Renoncer ?

Face à un obstacle, il est effectivement possible de se sentir défait et démotivé. Il est contrariant, voire préoccupant, de se voir ralenti dans sa progression par les événements, surtout lorsqu'ils sont hors de notre contrôle. Sachez que baisser les bras ne fait pas partie de la solution, à moins peut-être que vous n'en soyez qu'aux premières étapes de votre projet et qu'un obstacle colossal ne se dresse devant vous, le condamnant à l'avance. Sinon, si vous êtes déterminé à réussir et choisissez de ne pas vous laisser abattre, vous trouverez un moyen pour contourner cet obstacle. La pire chose à faire dans un tel cas est de ne rien faire, car cela équivaut ni

plus ni moins à abandonner. Si vous attendez que votre problème disparaisse de lui-même, non seulement risque-t-il de
ne jamais se régler, mais vous pouvez aussi rater plusieurs
occasions de faire progresser votre projet. Vous devez donc
prendre l'initiative et tenter de retourner la situation à votre
avantage.

Voyez cet obstacle comme un immense rocher qui se
dresserait sur votre route et qui vous empêcherait d'aller de
l'avant. Vous projeter à toute vitesse contre lui ne vous donnera rien, sinon vous blesser. La solution réside en votre capacité à trouver un autre moyen d'arriver à votre but. En somme,
vous devez revoir la stratégie que vous avez utilisée jusque-
là et tenter de chercher un nouveau moyen de poursuivre
votre route. Vous pouvez, par exemple, quitter la route et emprunter un chemin de contournement, ou encore descendre
de votre voiture et continuer votre route à pied. Vous pouvez aussi, si vous avez l'équipement nécessaire, pousser le
rocher hors de la route. Évidemment, pour imaginer ces solutions, vous devez être préparé à réfléchir différemment parce
que votre idée, au départ, était de conduire votre voiture tout
droit jusqu'à destination. Toutefois, vous le voyez clairement
ici, il existe plusieurs moyens d'arriver à vos fins. L'important
est simplement de ne pas perdre de vue votre objectif final.

Pardonnez-vous vos erreurs et surmontez la défaite

Il vous est probablement arrivé de travailler dur pour atteindre
un objectif, puis de constater que rien de ce que vous avez
fait ne fonctionne comme prévu. Que vos actions, malgré
votre planification et votre persévérance, vous avaient conduit à l'insuccès. C'est alors, bien sûr, la déception.

À la suite d'un échec, on peut se sentir fatigué, découragé,
abattu et, souvent, coupable. On a beau analyser la situation
et la retourner dans tous les sens, rien n'y fait : on ne comprend

toujours pas comment on a pu en arriver là. On a l'impression que toutes les décisions que l'on a prises étaient mauvaises. Pis encore, nous apparaissent clairement les moments ou les endroits où l'on a erré, et l'on se demande comment il se fait que l'on a pu passer à côté.

Attention, méfiez-vous de ce genre de réflexion! Certes, il est bon, voire salutaire, de comprendre où l'on a pu commettre une erreur, ne serait-ce que pour ne pas la faire à nouveau, mais il faut aussi surtout retenir qu'il est toujours plus facile de juger a *posteriori*. Bien qu'il soit normal de ressentir ce genre de sentiment, il faut faire l'effort de se tenir debout, de faire face à la tempête, de passer au travers et de se retrousser les manches avant de foncer à nouveau.

Certaines personnes ont une certaine difficulté à se pardonner leurs erreurs. D'ailleurs, la vie est ainsi faite que celui qui est habitué de gagner est souvent le plus abattu lorsqu'il est confronté à l'échec. Si être exigeant envers soi-même est un trait de caractère qui profite habituellement à ceux qui le possèdent, il ne faut pas pour autant se refuser le droit à l'erreur. Certes, on a envie d'être bon, de réussir, mais cela ne signifie pas que l'on est à l'abri des déconvenues. Ne soyez donc pas trop dur envers vous-même. Une fois le constat fait et les conclusions tirées, concentrez-vous sur vos forces plutôt que sur vos faiblesses.

Si vous vous trouvez dans une situation où vous avez l'impression que rien ne peut racheter l'erreur que vous avez commise, prenez quelques minutes pour vous poser ces questions. Qu'avez-vous à apprendre de cette expérience? Que feriez-vous si vous étiez à nouveau confronté à ce genre de situation? Il est certain que vous avez une leçon à tirer de ce que vous vivez, sinon vous n'auriez pas échoué. Si vous deviez recommencer, aurez-vous retenu ce que vous devez faire? Prendre le temps de réfléchir à ces questions vous rendra meilleur, plus aguerri – ne dit-on pas que l'expérience est le nom que donnent les personnes d'un certain âge à leurs erreurs de jeunesse? Une fois le bilan de votre aventure terminé, vous serez prêt à entamer un nouveau projet.

Par ailleurs, après avoir vécu un échec, il est toujours délicat de se remettre au travail comme si de rien n'était. Outre la déception ressentie, il arrive fréquemment que les gens aient l'impression de ne pas avoir le potentiel qu'ils croyaient. Certains ont d'ailleurs tellement de difficulté à vivre ce genre de situations qu'ils développent d'autres problèmes. Combien sont tombés en dépression après avoir subi un coup dur? Combien ont remis en doute leur talent, leurs capacités?

Pour retomber sur vos pieds sans être trop démoli, vous devez apprendre à vous juger objectivement. Certes, vous devez garder vos erreurs à l'esprit, mais vous devez aussi vous rappeler vos bons coups. Lorsque vous avez l'impression que tout s'écroule autour de vous et que vous vous mettez à douter de votre jugement, prenez une feuille de papier, dressez la liste de vos succès et celle de vos échecs et comparez-les. Vous pourriez être surpris du résultat.

N'oubliez pas que chaque fois que vous vous répétez vos torts et vos défauts, vous ne faites que renforcer ces croyances, tant et si bien que votre cerveau finira par y croire et vous en viendrez inconsciemment à douter de vous-même.

Maîtrisez vos peurs...

Après un échec, il n'est pas rare qu'une certaine peur naisse en nous. La peur doit être vue comme un mécanisme de défense de notre organisme face à des situations que notre esprit reconnaît comme potentiellement dangereuses pour nous. C'est en quelque sorte un signal d'alarme.

Généralement, la peur est provoquée par le souvenir d'un événement qui nous a marqués, sinon blessés. Par exemple, la claustrophobie peut être causée par le souvenir d'avoir été retenu dans un espace restreint pendant l'enfance. Le fait de se retrouver enfermé dans une petite pièce, même des années plus tard, fait resurgir ce souvenir désagréable et les émotions négatives qui s'y rattachent. Pour vaincre cette peur, comme n'importe quelle autre, il faut arriver à rompre le lien invisible qui se tisse entre une situation déjà vécue et celle que nous vivons présentement.

Bien que cela puisse parfois être difficile à accomplir, il est généralement possible d'y arriver. Une technique efficace consiste à visualiser ce qui vous fait peur. Trouvez-vous un endroit calme où vous pourrez vous installer à votre aise et ne serez pas dérangé. Ensuite, imaginez-vous mentalement être dans la situation qui vous fait peur ; concentrez-vous sur ce que vous ressentez lorsque vous arrivez au moment critique de votre vision. Une fois votre représentation mentale terminée, rejouez-vous la scène, mais cette fois-ci, en tant que spectateur. Observez comment vous réagissez et commentez votre réaction. Trouvez-vous que votre peur est justifiée, rationnelle ? Si vous étiez dans cette situation, après en avoir été témoin, agiriez-vous de la même manière ?

Évidemment, pour ce qui est des phobies et d'autres peurs chroniques, il vaut mieux faire appel à un spécialiste parce qu'il est parfois impossible d'en déterminer clairement les causes. Parlez-en à un psychologue ou faites affaire avec un centre spécialisé dans la résolution de problèmes relatifs aux phobies. Certaines personnes plus téméraires peuvent décider de prendre le taureau par les cornes et de se placer volontairement dans des situations où elles savent qu'elles auront à affronter leurs peurs de manière à les exorciser.

N'oubliez surtout pas que la plupart des peurs ne sont que le fruit de vos apprentissages et que si vous avez appris à avoir peur, vous pouvez aussi apprendre à ne pas avoir peur.

... Et cessez donc d'être négatif !

Lorsque les choses n'ont pas fonctionné à notre goût, nul besoin de nous remettre entièrement en question. Cette énergie dépensée à déprimer à propos de nos capacités ou à nous inquiéter de notre sort à la suite d'une erreur ou d'un échec est de l'énergie négative. Elle est en outre de l'énergie perdue qui pourrait et devrait plutôt être utilisée à réparer immédiatement les pots cassés plutôt qu'à geindre. Lorsque vous jouez à la victime, vous ne pouvez que vous attirer des rôles de victimes, mais ce n'est pas ce que vous souhaitez puisque vous êtes en train de lire ce livre. Vous ne cherchez pas à demeurer ou à devenir impuissant mais, au contraire, puissant et indépendant, maître de votre destinée. Il faut donc apprendre à éliminer le négativisme de votre vie et opter pour une ouverture beaucoup plus dynamique à la vie et à ce qu'elle a de meilleur à vous offrir.

Comme les pensées négatives entraînent le négatif, vous devez apprendre à les chasser comme la peste. Lorsque vous passez une entrevue en vous disant que vous décevrez, vous savez déjà ce qui va arriver : vous décevrez. Vous commandez ni plus ni moins votre échec. Votre attitude n'est certainement pas celle de quelqu'un qui cherche à tirer le meilleur de lui. Surtout, croire que vous êtes incapable de quelque chose est suffisant pour vous en rendre effectivement incapable. Tous les «Je ne suis pas capable», «Je ne vaux rien dans ce domaine», «Je ne réussirai jamais» sont à bannir de votre vocabulaire. Dites-vous bien d'ailleurs que derrière ces phrases qui paraissent anodines se cachent probablement encore quelques peurs non réglées... Cela dit, nous avons tous des limites, des forces et des talents différents. Il faut respecter cela, tout en reconnaissant honnêtement s'il s'agit de vraies limites ou de limites que nous nous imposons nous-mêmes.

S'il s'agit de limites que vous vous imposez vous-même, ce qui est le plus souvent le cas, aussi bien rendre les armes, abandonner vos rêves parce que personne ne viendra vous les servir sur un plateau. N'oubliez cependant pas que le négatif ne mène qu'au négatif, et s'y laisser entraîner est dangereux. Certes, tout le monde a son lot d'ennuis, de peines, et chacun choisit sa propre manière d'y faire face : se morfondre ou se relever et rebondir. Les gens qui veulent vraiment tirer le meilleur d'eux-mêmes ne se laissent pas abattre ni démolir par qui que ce soit ou par quoi que ce soit. S'il doit en être ainsi pour les grandes épreuves de la vie, cela doit aussi l'être face aux petites contradictions et contrariétés de la vie quotidienne.

Pourtant, il s'en trouve toujours pour se plaindre continuellement et négativement. Pour eux, les files d'attente sont toujours plus longues et plus lentes que pour les autres ; la circulation à l'entrée des ponts est une vraie calamité qui peut facilement et régulièrement remettre en question la réussite ou l'échec de la soirée qui s'en vient. Au travail, on les afflige depuis toujours des tâches les moins intéressantes, ils sont entourés de personnes inefficaces et paresseuses. À quoi leur sert tant de négativité, sinon à les déprimer et à leur faire croire que le monde entier s'est ligué contre eux ! Il faut, un jour, arriver à cesser de se battre contre les événements envers lesquels on ne peut rien et les accepter, un point c'est tout. Si nous sommes pris dans la circulation qui nous mettra en retard à notre rendez-vous, la sagesse devra nous apprendre à prendre simplement notre mal en patience, au lieu de nous mettre dans tous nos états. On ne peut rien changer, alors pensons à autre chose, tâchons de rendre ce moment le plus agréable possible. Tout est une question de choix d'attitude et, là-dessus, vous avez le plein contrôle.

Par ailleurs, il faut éviter d'être négatif parce que ceux qui le sont, sont aussi souvent ceux qui ne s'accordent pas suffisamment de moments vrais – de là l'importance que nous évoquions précédemment d'équilibrer périodes de travail et moments de détente. Si vous trouvez que vous n'arrivez pas à avancer, ou à avancer aussi rapidement que vous ne le souhaiteriez, c'est à travers ces moments-là seulement que vous réussirez à vous forger une nouvelle opinion sur la question, à avoir un nouveau point de vue.

Il est très important d'apprendre à voir la réalité comme elle est. Autrement dit, si votre vie va bien, si vous allez bien, vous devriez être capable de le clamer haut et fort. On dirait souvent que certaines personnes hésitent à dire : « Ça va bien. » Il faut toujours que ce soit : « Bah... pas trop mal. » Cette attitude n'est pas celle de quelqu'un qui a des ambitions, des rêves, qui souhaite tirer le meilleur de lui. Pour vouloir tirer le meilleur de nous-mêmes, nous devons avoir des buts, des objectifs. Soyez conscient de la puissance des idées et des mots sur votre état d'esprit et sur votre capacité à vous sortir des situations difficiles ou simplement désagréables. Pourquoi qualifier une journée d'atroce parce que vous vous êtes levé en retard et que vous vous êtes fait arroser par l'autobus qui est parti sans vous attendre ? En entretenant des idées comme « Je sens que ça va être une mauvaise journée », la journée sera effectivement désastreuse.

Ce qui compte, c'est de changer de paire de lunettes. Autrement dit, apprendre à voir autrement – comme permettent de le faire de vraies nouvelles lunettes. Du jour au lendemain, votre vue peut changer, s'améliorer, vous pouvez voir plus loin, prendre de la distance. Ce que vous voyez alors est beaucoup plus net, plus nuancé, et vous permet évidemment d'avoir une vue globale plus juste.

N'oubliez surtout pas que vous êtes maître de votre destinée. Vous le restez en tout temps et en toutes circonstances.

Non seulement devez-vous éviter le négativisme, mais vous devez aussi rester constamment à l'affût des possibilités qui peuvent vous aider à atteindre vos objectifs. Parfois, il suffit de vous trouver au bon endroit au bon moment, de marquer des points, d'avancer vers vos objectifs. De plus, ayez le courage de prendre quelques risques. La vie n'est pas toujours un long fleuve tranquille.

Cherchez donc à faire preuve d'optimisme, parce qu'être optimiste, c'est avoir confiance en soi, en ce qui s'en vient, en l'avenir. Quand on l'est, de façon générale, on fait confiance à la vie, on ne se monte pas toutes sortes de scénarios dramatiques, mais on se voit plutôt arriver à nos fins, sans trop d'embûches. Être optimiste, c'est croire qu'on va y arriver. Il s'agit d'une attitude essentielle à toute réussite, d'une attitude de vainqueur. Avec l'optimisme comme allié, on peut difficilement tomber dans l'apathie ou la dépression, tout abandonner. Même, et peut-être surtout, en période de désarroi, l'optimiste s'en sort toujours mieux que le pessimiste. Il rebondit mieux et plus rapidement ; il ne perd pas son temps à se critiquer en vain. Sa critique est constructive et réaliste, et vise à le pousser en avant. L'optimisme est vraiment une bonne carte à avoir dans sa manche.

Même si vous ne portez pas naturellement en vous cette tendance positive fort motivante, vous pouvez, comme bien d'autres choses, la développer. Les plus mauvaises habitudes, ancrées en vous depuis aussi loin que l'enfance, peuvent être transformées.

Croyez en vous

Il n'y a pas mille façons d'arriver à prendre le contrôle de sa vie. Il faut croire, croire et croire. Il faut persévérer et passer outre les nombreuses occasions d'abandonner. Comme nous l'avons dit, personne ne réussit quoi que ce soit sans y avoir consenti temps et énergie ; sans avoir douté et passé par-dessus ses doutes ; sans avoir eu peur et être passé par-dessus ses peurs.

Cessez de croire que tout est facile pour les autres. Ce qui fait souvent la différence entre ceux qui atteignent leur but et ceux qui n'y arrivent pas, c'est souvent la motivation. Les gens les plus motivés sont aussi ceux qui réussissent à tirer le meilleur d'eux-mêmes. Alors, pour concrétiser vos rêves, assurez-vous d'abord de poursuivre le bon but, celui qui vous fait rêver. Autrement, vous aurez toujours du mal à trouver la motivation et à atteindre votre objectif. Toutefois, la vie, il est vrai, ne nous offre pas toujours de faire uniquement ce qui nous plaît. Ainsi, pour toutes ces occasions où il nous faut tout de même produire ou être actifs dans un contexte qui ne nous convient pas complètement, il faut savoir faire appel à des forces cachées en nous et que nous n'avons qu'à réveiller.

Retenez également que ce qui freine souvent la motivation, c'est l'ignorance ou la méconnaissance de quelque chose. Ces éléments font en effet souvent naître la peur plus que n'importe quoi d'autre. Ainsi, il apparaît évident que plus on possède de connaissances, moins on craint et plus on est motivé. Donnez-vous donc la chance d'apprendre, même ce qui peut vous déplaire ou vous désespérer au départ. Lorsque vous vous trouvez devant des gens, la technique est exactement la même. Ceux avec qui vous semblez ne pas pouvoir vous entendre vous apparaissent souvent comme de véritables casse-tête, des mystères ambulants. Prenez seulement le temps de chercher à les comprendre et vous vous surprendrez souvent à trouver une source de motivation dans leurs propos.

La motivation, nous ne le dirons jamais assez, est une force que vous ne pouvez négliger. Cherchez à en être habité à chaque instant de votre vie et vous réussirez non seulement à tirer le meilleur de vous, mais aussi à prendre le plein contrôle de votre vie. Encore une fois, la motivation est un choix de l'esprit. Choisissez de voir les événements sous un regard noir et vous passerez un mauvais quart d'heure ; choisissez, au contraire, de passer un bon moment, de trouver le moyen de tirer profit de la plus désagréable situation et vous en sortirez plus fort, plus aguerri.

Chapitre 8

Comment influencer les autres

Vous arrive-t-il d'avoir de la difficulté à faire accepter vos idées lors de rencontres avec vos collègues? Vous sentez-vous laissé de côté lorsque d'importantes décisions sont prises? Avez-vous l'impression qu'on n'écoute pas assez vos suggestions? En est-il de même dans votre vie sociale et familiale? Si tel est le cas, vous devriez probablement travailler vos relations interpersonnelles.

L'influence dont vous jouissez sur les gens que vous côtoyez est un pouvoir que vous devez apprendre à développer et à contrôler, et cela se fait par le développement de bonnes relations interpersonnelles. Si votre entourage vous considère comme quelqu'un qui ne pense qu'à soi et qui ne cherche qu'à tirer profit des situations pour son bénéfice personnel, il y a fort à parier que vous aurez plus de difficulté à obtenir leur soutien. En revanche, si vous savez être sympathique, diplomate, si vous savez donner aux autres l'impression que chacun trouvera son compte dans ce que vous faites, vous réussirez alors à tirer le meilleur de chaque personne et de chaque situation, et vous obtiendrez davantage d'influence. La roue sera engagée: plus vous aurez d'influence, plus les gens retiendront vos idées, et plus les gens accepteront vos idées, plus vous aurez d'influence. Bien sûr, les gens seront non seulement disposés à vous aider et à travailler avec vous, mais ils seront aussi heureux de pouvoir vous rendre service!

Est-ce que ça ne vous rappelle pas l'adage qui dit qu'on ne prête qu'aux riches ?

Les politiciens sont un bel exemple de ce que peut faire le pouvoir de l'influence puisqu'il touche à différents aspects et milieux. Néanmoins, même à petite échelle, avoir de l'influence sur les gens peut être très utile. En effet, le jour où vous aurez une faveur à demander à votre patron ou à une connaissance, vous aurez beaucoup plus de chances d'obtenir ce que vous désirez. Mais attention, il ne s'agit pas ici de manipuler les autres, mais bien de les intéresser à vos idées et à vos projets !

Cela dit, chaque situation et chaque individu comportent leur part de particularités et d'imprévus ; c'est pourquoi influencer les autres est un art qui se développe peu à peu.

Comment affronter la résistance

Si vous avez la responsabilité d'apporter des modifications dans les manières de procéder dans votre lieu de travail, vous rencontrerez sans aucun doute une forme ou une autre de résistance au changement.

Il en va de même si vous tentez de transformer le comportement d'un de vos enfants ; vous ne pouvez pas forcer le changement. Les individus n'aiment pas modifier leurs façons d'être, peu importe leur âge.

Il est donc très difficile d'arriver à modifier les façons de faire des individus que vous côtoyez. Vous avez beau être la personne la plus persuasive du monde, il faut vous attaquer au problème de la résistance de manière diplomate. Comment ? En les convainquant de vouloir changer. Vous devez faire en sorte qu'ils considèrent le changement comme la solution à tous leurs problèmes. Ainsi, ils choisiront d'eux-mêmes de se transformer, ce qui facilitera grandement le processus. Tout ce que vous avez à faire est de mettre la machine en marche.

D'abord, il faut essayer de comprendre comment les gens voient la situation. Votre point de vue risque d'être relativement différent de ceux qui sont impliqués. Qu'est-ce qui est en jeu pour eux? Que risquent-ils? Quels sont les avantages et les désavantages reliés à ce changement?

Questionnez-les, donnez-leur la chance de s'exprimer afin de mieux comprendre la situation. Il arrive fréquemment que les gens aient l'impression de n'être que des numéros dans une structure qui les dépasse. Pourtant, même les plus grandes entreprises ont besoin de leurs employés pour bien fonctionner. Si vous ne considérez pas les gens avec respect, ils vous rendront la pareille.

Si vous avez bien fait votre travail, vous saurez comment élaborer votre argumentation pour les convaincre que votre point de vue est le plus viable. Tâchez de répondre à leurs besoins en vous adressant à eux directement. Basez vos arguments sur ce que vous connaissez de leurs craintes et de leurs appréhensions.

Grâce à ces informations, vous pouvez rapprocher votre point de vue du leur en vous concentrant sur les éléments qui leur tiennent à cœur. Vous répondez ainsi à leurs besoins et augmentez les chances de vous faire entendre.

Vous pouvez aussi réaliser que les changements que vous tentez d'apporter ne sont pas si efficaces que vous le croyiez. Vous devez alors avoir le courage de réviser votre position. Après tout, certaines personnes que vous côtoyez ont peut-être de très bonnes idées à partager avec vous.

Rappelez-vous que tout le monde est différent. Certaines personnes auront plus de facilité à accepter votre point de vue et d'autres seront plus difficiles à convaincre. Soyez patient et laissez les choses suivre leur cours. Si vous tentez de tout faire en une semaine, vous risquez de vous attirer les foudres de tous les gens impliqués dans le changement.

Montrez l'exemple

Votre influence sur les gens qui vous entourent est déterminée par ce que vous êtes et par votre comportement. Cela veut donc dire qu'adopter un comportement exemplaire en toutes circonstances vous permettra de vous bâtir la réputation d'une personne de confiance.

Si vous mentez constamment, il est fort peu probable que l'on vous accorde beaucoup de crédibilité. À la longue, on ne prendra pas ce que vous dites au sérieux.

Pour bâtir votre influence, vous devez être crédible. Si vous avez une réputation sans taches, si vous êtes généreux et aimable, les gens auront tendance à vous accorder leur confiance et seront attentifs à votre opinion.

Si vous donnez votre parole, tenez-vous-y. Les gens qui ne font pas ce qu'ils disent ont la réputation d'être de grands parleurs, mais de petits faiseurs. Apprenez à ménager vos mots et ne vous commettez que si vous avez l'intention d'honorer vos promesses.

Ne parlez pas des autres de manière désobligeante. Ceux qui critiquent les autres ou qui profitent de leur absence pour faire des commérages sont vite considérés comme des gens dont il faut se méfier. Si vous avez envie d'obtenir la confiance de vos amis et de vos proches, vous devez savoir respecter leur vie et leurs secrets.

Évitez d'être méchant. Les paroles que vous dites peuvent être blessantes si elles sont dirigées contre quelqu'un d'autre. Tâchez d'apprendre à tenir votre langue et évitez d'être désagréable avec les gens qui vous entourent.

Apprenez à être patient. Si vous ne faites pas pression inutilement sur les gens, ils vous en seront reconnaissants. Laissez les choses venir à vous. Après tout, vous n'êtes pas le seul à attendre. Généralement, les gens qui vous font attendre ne le font pas volontairement. Si la serveuse au restaurant n'est pas aussi efficace que vous le souhaiteriez, elle est peut-être très occupée et doit composer avec plusieurs clients à la fois.

Tâchez d'avoir une vue d'ensemble de chaque situation. Ne vous limitez pas à ce qui se trouve sous vos yeux. Les gens qui apprennent à élargir leur vision ont généralement plus d'informations à leur disposition pour juger d'un cas en particulier.

Lorsque vous rendez service à quelqu'un, faites-le de manière désintéressée. Ne vous attendez pas à recevoir une récompense ou une compensation quelconque en retour.

Prenez vos responsabilités. Si vous commettez des erreurs, ayez le courage de l'admettre. Les gens qui avouent s'être trompés font preuve de courage et de transparence. Si vous vous trouvez dans une situation problématique, tentez de trouver des solutions plutôt que de désigner des coupables. Les gens verront en vous une personne qui cherche des solutions et qui tente d'éviter les conflits.

Intéressez-vous aux autres et on s'intéressera à vous

Les bons barmans partagent tous un secret très bien gardé. Dans cette profession, il est fréquent que les clients s'accoudent au bar et se vident le cœur. D'ailleurs, le bon barman est celui qui sait se taire et qui écoute ce que lui dit son client même si le sujet de conversation ne l'intéresse pas toujours. Cela veut dire que le meilleur moyen de se faire des contacts et de s'attirer la sympathie des gens est de les écouter et de les inciter à vous parler d'eux. Pour la plupart d'entre nous, les choses les plus importantes dans la vie sont celles qui nous touchent personnellement. Inutile donc de connaître les meilleures histoires et les meilleures blagues ; d'être au courant de l'actualité et de ce qui se passe dans le monde ; de porter des chaussures à la mode. En fait, être populaire ne requiert aucun effort.

Écouter les autres aura un effet fantastique sur votre popularité. Évidemment, si vous écoutez les gens en affichant un air peu intéressé, on verra votre petit jeu et on vous évitera probablement. Il vous faut donc développer votre curiosité et l'utiliser pour découvrir de nouvelles choses.

De nos jours, les gens font preuve de moins en moins de curiosité. Intéressez-vous réellement à ce que sont les autres. Posez-leur des questions sur leur métier, sur leur famille. Vous seriez surpris de constater la quantité impressionnante de connaissances qu'ont certaines personnes de votre entourage.

Sans même prononcer une parole, écouter les gens vous permettra d'être considéré comme quelqu'un de sensible dont la compagnie est très agréable.

Poser une question est souvent la meilleure manière de commencer une conversation. Si vous vous retrouvez dans une situation où personne ne parle, tentez de trouver un sujet qui intéressera votre interlocuteur. Il vous suffit d'être attentif et de déterminer les champs d'intérêt qui le passionnent. Par exemple, s'il fait souvent référence au cinéma, demandez-lui quel film il a vu récemment et ce qu'il en a pensé. Si vous ne connaissez rien au sujet, demandez des éclaircissements.

Essayez de reformuler ce que votre interlocuteur vous a communiqué dans vos propres mots. Cela montre que vous l'écoutez réellement et que vous tentez de comprendre son point de vue ou de connaître sa passion. Il aura alors tendance à vous faire davantage confiance.

Cette technique est un moyen facile et efficace d'alimenter les conversations sans faire d'efforts. Si vous désirez que l'on vous apprécie, apprenez à vous mettre de côté et à laisser la place aux autres.

Acceptez les autres tels qu'ils sont

Il faut de tout pour faire un monde. Plus vous aurez la chance de rencontrer de nouvelles personnes, plus vous constaterez qu'elles ne partagent pas les mêmes convictions ou croyances que vous, parlent un autre langage ou agissent différemment.

Il arrive parfois que nous ressentions des émotions très négatives à l'égard des gens qui sont très différents de nous et dont les agissements sont opposés aux nôtres.

Apprendre à distinguer la différence est le premier pas vers son acceptation. Tâchez de définir ce qui vous distingue des autres. Évitez les querelles basées sur la différence et tentez plutôt de voir ce que vous avez en commun avec l'autre plutôt que d'alimenter un malentendu.

Il est très important de se rappeler qu'on ne peut pas changer les gens selon son bon vouloir. Par exemple, inciter à adopter le même mode de pensée ou la même manière de se vêtir que soi est une perte d'énergie et de temps considérable. Il faut plutôt tenter de tirer le meilleur de ce que les autres peuvent nous apporter.

La diversité est une richesse d'une valeur inestimable. Les gens ne se ressemblent pas tous, puisqu'ils ont vécu des choses différentes au cours de leur vie. En apprenant à vivre avec ceux qui ne vous ressemblent pas, vous avez la chance d'ouvrir vos horizons et de découvrir la vie sous une autre perspective.

Si vous avez à prendre une décision importante, recueillir l'opinion de gens qui sont différents de vous et qui pensent différemment de vous peut vous aider à voir la situation sous un angle nouveau. Cela vous permettra ainsi de maximiser la portée et l'efficacité de votre décision.

Si vous faites l'effort d'accepter la différence, les gens le remarqueront. Ils verront en vous une personne qui est ouverte et qui prend les autres comme ils le sont vraiment.

Tâchez d'apprendre des autres et laissez votre jugement de côté. Vous en retirerez de très grands bénéfices et en sortirez grandi.

Devenez un expert

Écouteriez-vous les conseils de votre dentiste si vous désiriez faire l'acquisition d'actions à la Bourse? Peut-être préféreriez-vous demander l'avis de votre banquier, à moins que votre dentiste ne soit un expert en investissement.

Lorsque vous avez besoin d'avoir l'heure juste sur un sujet en particulier, il est tout à fait naturel de se tourner vers un expert. C'est d'autant plus vrai lorsque la décision que vous avez à prendre implique une grosse somme d'argent.

Avant d'acheter une voiture, il y a fort à parier que vous discuterez du sujet avec vos collègues et amis. Si un de vos proches possède la voiture que vous désirez, vous lui demanderez ce qu'il en pense et s'il vous recommande d'en faire l'achat.

Les gens qui ont beaucoup de connaissances dans un sujet donné sont ceux qui inspirent la confiance et qui peuvent influencer les choix des autres. Pourquoi? Parce qu'ils ont acquis une expertise qu'ils ont développée au fil des ans.

Les experts jouissent d'une influence considérable. Même les entreprises utilisent leur pouvoir lorsqu'ils font des publicités. Par exemple, lorsque l'on vante les bienfaits d'un médicament pour cesser de fumer, l'acteur est toujours vêtu d'un sarrau. On suppose que les clients auront tendance à faire confiance à un médecin puisqu'il sait de quoi il parle.

Si vous cherchez à accroître votre influence, tâchez de développer vos connaissances sur un sujet qui vous passionne. Si vous le maîtrisez à fond, vos proches et collègues se tourneront vers vous pour avoir votre avis et votre opinion.

Malheureusement, on ne devient pas expert en quelques heures. Pour commencer, inscrivez-vous à des cours particuliers ou faites des recherches sur Internet. Parfois, il suffit d'avoir une bonne connaissance générale pour que les gens vous perçoivent comme quelqu'un qui a une opinion sur tout.

De plus, le fait de posséder plusieurs connaissances vous permet d'entretenir des conversations sur une foule de sujets différents. Cela vous aidera donc à tisser des liens avec de nouvelles personnes.

Tâchez de ne pas dire des bêtises. Les gens qui vous consultent et qui vous demandent votre avis ont confiance en vous. Si vous dites des choses qui ne sont pas vraies, on vous considérera comme un farceur à qui il vaut mieux ne pas s'adresser.

Tâchez d'avoir le courage d'avouer que vous ne savez pas tout. Même les plus grands experts n'ont pas la réponse à toutes les questions. Si on vous demande quelque chose que vous ne savez pas, dites-le à la personne et promettez-lui de faire des recherches et de trouver la réponse plus tard.

Rencontrez le plus de gens possible

Pour accroître votre influence, rencontrez le plus de gens possible. Plus vous en connaîtrez, plus vous aurez de possibilités de faire valoir vos idées et de progresser dans votre vie.

Les gens ont besoin les uns des autres. Si vous avez envie de changer d'emploi, c'est souvent grâce à vos contacts que vous serez en mesure de dénicher le meilleur poste possible sans avoir à faire de multiples entrevues de présélection.

Les gens d'affaires qui réussissent ont compris que la clé du succès se trouve dans les contacts. Les meilleurs clients sont ceux qui sont envoyés par d'autres clients satisfaits.

Vos contacts vous donnent accès à bien plus de gens que vous ne le croyez; ils sont un peu comme une toile d'araignée dont les liens se croisent et s'entrecroisent.

Tâchez de maximiser les possibilités de rencontres en organisant des événements où vous pourrez inviter non seulement vos amis et collègues, mais aussi les gens que ceux-ci connaissent.

De nos jours, les technologies sont à notre service pour nous aider à développer notre réseau d'influence au maximum. Il existe une foule de sites dont la principale fonction est de mettre des gens en contact.

Aussi, plutôt que d'attendre que les gens fassent quelque chose pour vous, tâchez de les aider à atteindre leurs objectifs. Utilisez vos contacts pour qu'ils y parviennent. Par exemple, si votre frère a besoin d'une nouvelle maison, demandez à votre amie, qui est agente immobilière, de lui donner un coup de pouce. Ainsi, vous dépannerez votre frère et vous trouverez un client à votre amie.

Les personnes à qui vous prêterez main-forte se souviendront de vous et sauront vous rendre la pareille lorsque vous aurez besoin d'elles.

Plus votre cercle d'amis et de connaissances sera grand, plus vous aurez de chances de faire progresser votre vie.

N'abusez pas de votre pouvoir

Certaines personnes ont tendance à abuser du pouvoir dont elles jouissent pour obtenir tout ce qu'elles désirent, au détriment du bien-être des gens qui les entourent.

Évidemment, si votre position vous permet de donner des ordres, il peut être tentant de demander aux gens d'exécuter toutes vos volontés. Si c'est le cas, ceux qui en seront victimes vous abandonneront tôt ou tard. Contraindre les gens à agir pour vos intérêts est le pire moyen d'obtenir leur collaboration. D'ailleurs, qui a envie d'un patron qui gère ses affaires à l'aide de menaces et de punitions?

Si l'intimidation et la force peuvent être efficaces à court terme, elles ne le sont pas à long terme. Si vous agissez ainsi envers votre entourage, vous commettez une erreur dont les répercussions se feront sentir sur plusieurs plans.

Collaborez avec les autres

Bien des choses ne peuvent être réalisées sans le concours des autres. Il faut donc apprendre à faire confiance aux autres et à leur laisser prendre des responsabilités.

Si vous êtes à la tête d'une équipe, la pire chose que vous puissiez faire est de tenter de tout contrôler. Établissez des stratégies, apprenez à déléguer une partie de vos responsabilités aux autres et laissez-les mener à bien une partie du projet. L'important est de ne pas perdre de vue l'objectif que vous partagez tous.

Encouragez les membres de votre équipe à s'exprimer et à s'impliquer. Amenez-les à réaliser leur plein potentiel et à présenter ce qu'ils font de mieux. Ainsi, vous pourrez mettre à profit les talents de chaque membre de votre équipe dans les situations appropriées.

Les bons leaders savent reconnaître les besoins des gens qu'ils côtoient. Ceux avec qui vous aurez la chance de travailler n'ont pas tous les mêmes motivations. Certains travaillent pour le plaisir, d'autres pour l'argent, etc.

Apprendre à connaître les motivations de chaque membre de votre équipe vous permettra de mieux diriger leurs efforts pour répondre à leurs désirs et à leurs besoins.

Surveillez votre langage

La parole est le moyen le plus direct pour exprimer nos idées aux gens que nous côtoyons.

Si vous communiquez à l'aide de l'écriture, vous avez le temps de réfléchir et vous avez la chance de reformuler vos idées avant de les exposer. De plus, il est facile d'effacer et de recommencer votre texte si vous réalisez que vos mots ne sont pas à la hauteur de vos idées.

Lorsque l'on a recours à la parole, on doit formuler ses idées très rapidement. Les gens reçoivent ainsi l'information qu'on leur communique immédiatement. Cela signifie que l'on doit faire très attention à ce que nous disons, de manière à éviter les conflits et les malentendus.

Certaines personnes ont tendance à parler trop vite, sans prendre le temps de réfléchir, ce qui ne reflète pas toujours leurs idées réelles.

Il est très important de surveiller la qualité de notre langage. Certains mots et expressions sont à proscrire lorsque nous nous adressons à des gens que nous connaissons moins. Si les mots que vous utilisez ne sont pas clairs, votre message risque d'être très mal compris.

Toute communication fonctionne selon un modèle très simple. D'un côté se trouve l'émetteur du message; c'est la personne qui parle et qui exprime son idée. De l'autre se trouve le récepteur; c'est la personne qui écoute et qui reçoit le message.

Même lorsque nous nous exprimons très clairement, il arrive que le message que nous tentons de transmettre ne soit pas reçu nettement. Cela est dû aux interférences qui peuvent se trouver entre l'émetteur et le récepteur du message.

Par exemple, si vous parlez sur votre téléphone cellulaire, il est possible que votre communication soit entrecoupée de grésillements affectant la qualité du son. Ainsi, la personne qui vous écoute risque de recevoir un message où certains mots ou passages ont été modifiés ou sont tout simplement manquants.

Le bruit ambiant peut aussi affecter la qualité du message que vous émettez. Par exemple, si vous tentez de parler à votre amie lors d'un concert rock, le bruit des amplificateurs risque de couvrir la totalité des mots que vous prononcez.

Il est important d'être conscient de ces éléments lorsque vous communiquez avec les gens. Certaines situations très frustrantes peuvent découler d'une communication inadéquate.

La première impression

Lorsque vous rencontrez quelqu'un pour la première fois, cela vous permet de déterminer à quel genre d'individu vous avez affaire; votre perception en sera irrémédiablement affectée.

Par exemple, si vous rencontrez une personne pour la première fois et qu'elle est désagréable ou de mauvaise humeur, il y a fort à parier que vous vous souviendrez longtemps de ses manières, même si elle se révélerait être très gentille et attentionnée.

Il arrive que nous ayons une idée préconçue des personnes que nous allons rencontrer pour la première fois. Par exemple, si vous devez rencontrer le président d'une entreprise dans le cas d'un entretien concernant votre embauche, vous vous imaginerez son apparence et son comportement. Lorsque vous ferez sa connaissance, l'image mentale que vous vous étiez construite sera confrontée à la réalité.

Si vous vous attendiez à rencontrer une personne vêtue d'un costume et d'une cravate, vous aurez un choc si votre éventuel patron se présente vêtu d'un jean et polo. Il est probable que vous preniez votre patron pour un original ou que votre confiance en ses capacités de leadership soit affectée.

Il en va de même si vous suivez des cours de tennis. Si votre professeur se présente vêtu d'un pantalon en coton noir et d'une chemise à fleurs multicolores, vous aurez du mal à croire qu'il est un professionnel de ce sport où le blanc est de mise.

La manière de vous habiller en dit long sur vous. Si vos vêtements sont sales ou froissés, il est probable que les gens voient en vous une personne qui ne prête pas attention aux détails. Cela peut s'avérer très négatif, particulièrement si vous rencontrez des gens dans le cadre de votre travail. Si un client voit en vous des signes de laisser-aller, la perception qu'il aura de vous se reflétera sur celle de votre entreprise.

Choisissez donc des vêtements propres qui vous mettent en valeur. Assurez-vous aussi de porter des chaussures bien cirées. La différence se fait souvent sentir dans les petits détails.

Il est aussi très important de vous exprimer clairement. Les gens qui prononcent mal leur nom ou qui ne parlent pas assez fort donnent l'impression de ne pas avoir confiance en eux. Ne parlez pas trop rapidement et utilisez un vocabulaire exempt de gros mots ou d'abréviations à la mode.

Présentez-vous en énonçant votre nom clairement et soyez prêt à échanger une solide poignée de main. Inutile de broyer celle de votre interlocuteur. Il suffit d'avoir une poigne ferme et affirmée.

Tentez de mémoriser le nom des personnes que vous rencontrez. Si l'une se présente à vous et vous dit son nom, utilisez-le pour lui poser une question plus tard dans la conversation. Les gens adorent que l'on se souvienne d'eux. De plus, cela permet de vous rapprocher de la personne que vous rencontrez en rendant la conversation plus personnelle.

La première fois que vous rencontrez des gens, laissez-leur prendre le plus de place possible. S'ils aiment parler d'eux, écoutez-les et montrez-vous intéressé. Les gens auront tendance à se rappeler de vous non parce que vous leur avez raconté une bonne histoire, mais simplement parce que vous êtes préoccupé par eux.

Rappelez-vous que ce n'est pas celui qui parle qui apprend, mais plutôt la personne qui écoute.

Chapitre 9

Comment agir: les idées, les outils

Mauvaise estime de soi, apitoiement, renoncement, culpabilité, angoisse, colère, peur, jalousie, mensonges, compulsions, toxicomanie : voilà beaucoup de matière à réflexion. Il n'y a pas, et nous le savons tous, de solution miracle. Tirer le meilleur de soi est sans doute le rêve de bien des gens. Pourquoi alors, direz-vous, y en a-t-il si peu qui réussissent à le faire ? Il y en a plus qu'on ne le croit, mais ces gens-là ne donnent pas de leçons ; ils laissent chacun vivre à sa façon, tirer profit de ses propres expériences et progresser à son propre rythme.

Dès que vous aurez commencé à cesser de vous sous-estimer, que vous aurez pris confiance et entrepris de tirer le meilleur de vous, vous rencontrerez très certainement des gens qui ont suivi le même parcours que vous, qui se sont fixé des objectifs, qui entretiennent des rêves. Aussi, ne faudra-t-il pas vous étonner de les voir vous encourager à persévérer les jours où vous aurez envie de tout abandonner.

Cela dit, il ne suffit pas – bien que ce soit déjà un bon premier pas – d'être conscient d'avoir des choses à changer en soi ; il faut ensuite agir, faire des gestes conséquents, destinés à concrétiser les changements. Reconnaître qu'il y a des aspects de soi qui devraient être transformés est une chose ; agir pour les changer en est une autre. Et c'est là que se mesure le véritable courage, soit la véritable détermination à vouloir tirer le meilleur de soi.

Ne nous cachons pas la vérité, s'il faut du courage pour admettre que nous ne sommes pas ce que nous voudrions être parce que nous n'avons pas réussi à exploiter tout notre potentiel, il en faut encore davantage pour faire en sorte de changer ces choses.

Plutôt que de donner des solutions, des suggestions ou des conseils à chacun des thèmes que nous avons évoqués dans ces pages et sur lesquels vous devez vous concentrer pour arriver à tirer le meilleur de vous, nous vous proposons, pour terminer, un inventaire d'idées maîtresses qui devraient vous guider dans vos décisions et actions pour réussir à tirer le meilleur de vous*. En regard de ce qui précède, vous aurez compris que ces idées sont essentiellement des règles de vie, applicables en tout lieu et en toute circonstance. Il s'agit, en quelque sorte, d'une boîte à outils dans laquelle vous pourrez puiser quand le besoin s'en fera sentir, histoire de vous motiver et de poursuivre votre évolution.

Agissez sur vous

- Votre premier devoir envers vous-même est de viser l'authenticité.

- Gardez toujours à l'esprit que vous avez des talents, des compétences, que vous avez un potentiel dont vous ne saisissez probablement pas toute l'étendue.

---

* Cette liste a d'abord été publiée dans le livre *Changez!* (Éditions Quebecor). Certaines idées ont été transformées, d'autres ajoutées. Si nous les reprenons aujourd'hui, c'est parce qu'il nous a été donné de constater, à la suite des témoignages recueillis, qu'elles se sont avérées éminemment pratiques et bénéfiques à ceux qui y avaient eu recours.

- Ne soyez pas prétentieux; vous savez ce dont vous êtes capable, laissez les autres le découvrir.

- Cessez de vous croire obligé de dissimuler vos défauts et vos faiblesses.

- Cessez de vous dénigrer et de vous discréditer, à vos yeux comme aux yeux des autres; utilisez plutôt votre énergie pour découvrir votre valeur, trouver vos talents et vos forces.

- Vous êtes responsable de l'estime que les autres ont de vous. Nous l'avons vu précédemment, le monde ne vous estime jamais plus que vous ne le faites vous-même.

- Cessez de justifier constamment vos actions et vos paroles; réfléchissez plutôt avant de les faire ou de les dire.

- Devant vos actions-réactions, agissez et réagissez comme vous le feriez pour votre meilleur ami; soyez sincère et franc, sévère mais non impitoyable, exigeant mais sans excès, et pardonnez-vous vos erreurs.

- Responsabilisez-vous; ne rejetez plus sur les autres la responsabilité de vos états émotifs, de vos fautes et de vos échecs. Assumez-vous et assumez vos responsabilités.

- N'ayez pas peur, quand cela s'impose et au nom de votre liberté, de refuser de faire ou de dire quelque chose que vous n'avez pas envie de faire ou de dire.

- Apprenez à dire non quand vous pensez non; ne faites plus les choses que pour faire plaisir aux autres. Vous êtes qui vous êtes. Exigez qu'on vous respecte dans vos droits, vos besoins, vos désirs, et faites de même pour les autres.

- Ne tolérez d'aucune manière que qui que ce soit se permette de vous faire la morale et, de la même façon, abstenez-vous de le faire, car c'est une forme de manipulation. Ne soyez ni le manipulateur ni le manipulé.

- Ne soyez pas démesurément exigeant à votre égard; une attitude trop rigide risque fort de vous faire rater de belles occasions.

- Débarrassez-vous de toutes vos idées préconçues en sachant d'abord les reconnaître et en prenant ensuite les mesures qui s'imposent pour rectifier votre jugement. Les idées préconçues sont des obstacles à abattre afin de poursuivre harmonieusement votre évolution.

- Vivez le moment présent. On a tous lu, vu ou entendu ces mots, mais qui le fait vraiment? Horace, ce poète latin qui a vécu en l'an 65 av. J.-C. et réputé pour être le modèle des vertus classiques d'équilibre et de mesure, a dit: «Si nous sommes dans la joie, gardons-nous de porter nos pensées au-delà du présent.»

- Cultivez les états positifs comme l'altruisme, l'empathie, l'autonomie, la créativité, la combativité, l'enthousiasme, la foi, la volonté et la franchise.

- Plus vous serez heureux et plus vous rendrez les gens heureux autour de vous.

- Ne comptez pas sur les autres (conjoint, parents, amis) pour régler vos conflits intérieurs. Non seulement vous seul en êtes responsable, mais vous en remettre aux autres ne fera qu'accroître votre sentiment de mal-être.

- Cessez de vous comparer aux autres. Relisez souvent ces mots de Montesquieu: «Si on ne voulait qu'être heureux, ça serait bientôt fait. Mais on veut être plus heureux que les autres et cela est presque toujours difficile parce que nous croyons les autres plus heureux qu'ils ne sont.» Soyez plutôt reconnaissant d'être ce que vous êtes.

Agissez sur votre corps

- Votre corps est votre véhicule et, en ce sens, il a droit à tous vos égards. Ne le négligez pas, car c'est une mécanique fragile.

- Une alimentation saine et équilibrée, ce qui ne veut pas nécessairement dire maigre et végétarienne, est essentielle au bon fonctionnement de votre organisme, tant sur le plan physique que sur le plan psychique.

- Pratiquez régulièrement, dans la solitude et le silence, une technique de relaxation, de méditation ou de visualisation afin de vous régénérer et de vous ressourcer.

- Faites de l'exercice, du sport; visez l'adage: «Un esprit sain dans un corps sain.»

Agissez sur vos passions

- Donnez le droit à vos dons, à vos talents, à vos capacités de s'épanouir librement.

- Ne laissez personne saboter vos rêves et vos projets.

- Ne laissez pas constamment les doutes s'emparer de vous et remettre en question vos buts et vos rêves.

- Ne vous laissez pas prendre au piège de la course à la performance. Faites ce que vous avez envie de faire en tenant compte de vos passions et de vos désirs et en étant à l'écoute de votre moi intérieur.

- Pour tirer le meilleur de vous et pour concrétiser vos rêves, pensez grand, voyez loin et visez haut, mais ne laissez jamais l'appât du gain vous guider.

Agissez sur les autres

- Abstenez-vous de juger et de condamner les autres; le faire, c'est devoir s'attendre à ce qu'on fasse de même pour soi.

- Vivez comme vous l'entendez, mais laissez aussi les autres vivre comme ils l'entendent, sans cependant les laisser influencer votre vie si leurs valeurs sont différentes des vôtres.

- Apprenez à pardonner, à vous comme aux autres. C'est sans doute le plus beau des cadeaux que vous pouvez vous faire. Grâce au pardon, vous vous garderez de la rancune, du ressentiment, de la colère et de bien d'autres sentiments pernicieux.

- Dans toutes vos relations avec les autres, particulièrement dans les relations affectives et amoureuses, assurez-vous de combler toujours vos besoins, d'assumer vos envies, d'entretenir et de nourrir vos projets, d'avoir vos activités, vos amis, vos loisirs, même si ceux-ci sont différents de ceux des êtres que vous aimez.

- Plus vous serez libre, plus les membres de votre entourage le seront eux-mêmes. Dans votre quête de liberté, assurez-vous de ne jamais faire obstacle à la liberté des autres.

- Recherchez et cultivez les relations avec les gens heureux, ceux qui irradient, ceux qui, par leur seule présence, vous insufflent de l'énergie et de la chaleur.

Agissez sur vos états d'être

- N'accordez d'importance qu'à ce qui en a vraiment et apprenez à relativiser cette importance. Chaque fois que survient un événement contrariant, demandez-vous quelle importance ce souvenir aura dans une semaine, un mois, un an. Vous constaterez que l'on a tendance à grossir l'importance qu'on accorde aux choses et aux événements.

- Accordez-vous le droit à l'erreur. Ce qui importe n'est pas de vous tromper, mais ne pas répéter deux fois la même erreur.

- Apprenez de vos erreurs. Plutôt que de vous plaindre ou de vous apitoyer sur votre sort, prenez d'abord un peu de recul par rapport aux événements, étudiez la situation et trouvez à quel endroit vous avez fait l'erreur ou les erreurs qui ont provoqué votre insuccès. Retenez la leçon, car chaque échec comporte en lui le germe d'une victoire.

- Ne cherchez pas constamment à recevoir l'approbation des autres. Faites ce qui vous semble bon à vos yeux, mais toujours dans le respect des autres. N'oubliez jamais qu'on ne peut pas plaire à tout le monde.

- Ne craignez pas d'aller au fond de vous-même dans la quête de la vérité ; vous pourrez enfin devenir un être libre, dans tous les sens du terme, lorsque vous pourrez le faire et assumer ce que vous découvrirez.

Agissez sur vos peurs

- Ne cédez pas à la peur, car y céder, c'est vous emprisonner vous-même dans un cercle vicieux dont il devient de plus en plus difficile de vous évader. La fuite devant ce qui vous semble menaçant nourrit votre peur et chaque nouvelle fuite ne fait qu'accroître le réflexe de peur. N'attendez pas d'être complètement paralysé devant tout ce qui bouge avant d'agir.

- Pour vaincre les peurs, il faut d'abord les définir. Soyez à l'écoute de vous-même quand vous en recherchez les causes et n'agissez pas sous le coup de l'émotion car elle travestit le jugement.

- En période de peur, accordez votre attention et votre énergie (physique et mentale) à l'objectif poursuivi. En ne le quittant pas des yeux, en vous visualisant vainqueur, en savourant mentalement et à l'avance les fruits de la victoire, il n'y aura plus de place, dans votre esprit et dans votre corps, pour la peur.

- Tout le monde connaît occasionnellement la peur; l'objectif réel n'est pas tant de l'ignorer ou de l'éliminer, mais bien de la dompter et de la surmonter.

- N'oubliez jamais que le sentiment de peur est généralement plus dangereux en lui-même que l'objet de celle-ci.

- Le choix d'être le vainqueur ou le vaincu dans un combat contre la peur n'appartient qu'à vous. Vous pouvez choisir de vous servir de vos peurs pour accroître votre force et votre volonté, comme vous pouvez y céder et la laisser régner sur votre vie.

- La meilleure manière de ne pas céder à la peur, c'est l'action. Celle-ci transforme et fait grandir; l'inaction entraîne la stagnation.

Agissez sur vos angoisses

- Ne jouez pas à la personne parfaite qui n'est jamais en colère, frustrée ou chagrinée. Vous êtes un être humain et, à ce titre, un être perfectible.

- Quand vous ressentez une émotion négative, extériorisez-la calmement. Ne refoulez plus les mots que vous avez envie de dire, mais exprimez-les avec respect.

- Ne craignez pas de demander de l'aide quand vous êtes aux prises avec l'angoisse ou l'anxiété.

- N'attendez pas des autres plus qu'ils ne sont en mesure de vous donner. Vous fier constamment à autrui pour combler vos besoins et satisfaire vos envies génère de l'angoisse. Rappelez-vous que vous êtes le seul responsable de votre vie.

- Arrêtez de vous sentir obligé de vous justifier et de rendre des comptes à tout propos ; acceptez d'agir selon votre conscience et ne permettez à personne de vous dicter votre conduite.

- Vous n'êtes pas forcé d'être toujours d'accord avec tout le monde. Respectez l'opinion d'autrui, mais ne craignez pas d'émettre la vôtre même si elle est contraire à votre vis-à-vis. Un interlocuteur intelligent ne vous en voudra jamais d'amener un point de vue différent du sien.

- Ne cultivez pas l'esprit de sacrifice, d'abnégation, de renoncement. Ces comportements sont destructeurs et comptent parmi les ferments les plus puissants de l'angoisse et de l'anxiété.

- Ne soyez pas exagérément à l'écoute des autres ; ne vivez pas exclusivement pour satisfaire les besoins de ceux que vous aimez. Accordez-vous la même importance que celle que vous accordez aux autres.

- N'acceptez plus d'être celui qui dit toujours oui, qui est toujours disponible. Pensez à vous.

- Vivez avec l'objectif de réussir à tirer le meilleur de vous-même dans le but de réaliser vos rêves et vos ambitions, et non dans le but de dépasser les autres et de prouver que vous êtes le meilleur.

Agissez sur votre colère

- Favorisez un certain détachement par rapport aux comportements des autres. Renoncez à vouloir toujours tout contrôler et investissez plutôt votre énergie à vous contrôler vous-même.

- Favorisez la communication afin d'éviter d'être pris au piège des malentendus.

- Apprenez la tolérance à l'égard des frustrations inhérentes à la vie quotidienne.

- Plutôt que de gueuler, de hurler et de frapper, apprenez à exprimer avec les mots vos émotions, vos insatisfactions, votre mécontentement, votre déplaisir et votre mal-être.

- Quand se présentent les premiers symptômes de la colère ou de la rage, pensez immédiatement à ce gaspillage éhonté d'énergie.

- Débarrassez-vous le plus rapidement possible de ce besoin de vouloir toujours tout contrôler et que tout se passe comme vous seul l'avez décidé.

- Comme pour de nombreux autres états négatifs, cessez de vouloir faire porter aux autres la responsabilité de votre vie, de votre bonheur, de votre satisfaction, de votre bien-être.

- Votre façon d'aborder la vie, ses problèmes et ses tracas, fait de vous le seul et unique responsable de vos frustrations. Ce n'est pas en piquant des crises que vous réglerez vos conflits; c'est en parlant et en négociant de façon respectueuse et intelligente.

- Veillez toujours à reconnaître la cause de votre colère et évitez de vous défouler sur les mauvaises personnes.

Agissez sur votre culpabilité

- Acceptez de ne pas être parfait, mais faites toujours ce qui vous semble le mieux afin d'affirmer, à l'heure des reproches, qu'au moment de l'événement vous avez fait tout ce qui était en votre pouvoir de faire avec les outils dont vous disposiez.

- Ne croyez pas que d'éprouver un sentiment de culpabilité suffit à vous excuser ou à amenuiser vos responsabilités. Si vous êtes véritablement coupable de quelque chose, réglez le problème avec la personne concernée. Dans tous les autres cas, la culpabilité doit être maîtrisée car elle est extrêmement pernicieuse.

- Ne faites pas aux autres ce que vous ne voulez pas que les autres vous fassent. En cas de conflit, discutez-en avec la personne concernée. Soyez toujours franc et honnête. Vous n'aimez pas qu'on vous mente ? Ne mentez pas aux autres. Cultivez la vérité.

- Cessez de vous croire responsable des émotions et des frustrations des autres – chacun mène sa barque comme il l'entend. Menez la vôtre avec respect et sincérité, et ne laissez personne vous accuser de n'être pas celui qu'il voudrait que vous soyez.

- Ne dramatisez pas à outrance en exagérant l'aspect négatif des choses et des événements. Veillez à toujours vous en tenir aux faits.

- Ne niez pas le sentiment de culpabilité. Trouvez-en plutôt la cause, déterminez si ce sentiment est réel ou imaginaire et agissez en conséquence.

- Sachez reconnaître les situations dans lesquelles vous êtes impuissant à faire quoi que ce soit.

- Arrêtez de vous conduire comme si vous aviez à porter sur vos épaules tous les problèmes de l'Univers.

- En prenant de la vie ce qui vous revient, en prenant la place à laquelle vous avez droit, ne croyez pas que vous enleviez quoi que ce soit à qui que ce soit.

- Prenez conscience que vous devez vivre pour vous et en fonction de vous, et non pour les autres et en fonction des autres.

Conclusion

J'ose espérer que les pages de ce livre auront alimenté votre réflexion sur ce que vous êtes. Comme je l'ai dit dans les toutes premières pages, pour tirer le meilleur de soi, il nous faut nécessairement réfléchir sur soi pour comprendre les schémas de fonctionnement et les motivations qui nous ont animés jusqu'à aujourd'hui. Avez-vous réussi à cerner les croyances et les valeurs, les qualités et les défauts que vous avez portés en vous jusqu'à maintenant et qui vous ont conduit où vous êtes ? Si tel est le cas, vous avez sans doute constaté que la plupart des choix que vous avez faits n'ont pas été faits de manière délibérée, mais vous ont plus souvent qu'autrement été imposés par les gens de votre entourage et les événements auxquels vous avez fait face. Vous avez sans doute aussi compris que certains des chemins que vous avez empruntés vous ont lentement, mais inexorablement, éloigné des buts et des rêves que vous aviez nourris pour vous, de la vie que vous vous étiez imaginée.

Mais ce n'est pas une raison pour baisser les bras. Remontez-vous plutôt les manches ! Il suffit parfois de peu pour emprunter un nouvel embranchement qui vous ramènera tranquillement vers le chemin dont vous rêviez, mais dont vous vous êtes éloigné plus ou moins consciemment.

Ne nous racontons cependant pas d'histoires : il n'existe pas de solution miracle. Il n'y a pas de fée qui viendra tout solutionner d'un simple coup de baguette magique. Trouver la paix de l'âme, devenir ce que nous voulions – et voulons toujours devenir – est un rêve commun à la majorité d'entre nous. Mais alors, m'a-t-on souvent posé la question, comment se fait-il que si peu de gens semblent atteindre leurs buts? Comment se fait-il que si peu de gens paraissent heureux? Ma réponse est la même depuis toujours: «Parce que les gens heureux n'ont pas d'histoire!» Parce que ces gens-là, ceux qui ont réussi à tirer le meilleur d'eux-mêmes, ceux qui vivent la vie dont ils avaient rêvé, qui cheminent inéluctablement sur la voie qu'ils s'étaient tracé tout jeunes, ne maugréent pas contre les aléas de la vie quotidienne. Ils affrontent calmement les épreuves et les périls et, même lorsqu'ils trébuchent, ils se relèvent et poursuivent leur route. Ils restent concentrés sur une chose: l'effort.

C'est *la* leçon que vous devez retenir si vous voulez réussir à tirer le meilleur de vous.

Non, il ne suffit pas, bien que ce soit déjà un bon premier pas, d'être conscient d'avoir des choses à changer en soi et autour de soi. Il faut ensuite agir. Passer à l'action, faire des gestes conséquents destinés à concrétiser les changements que nous souhaitons voir se produire en nous et autour de nous. Dès que vous aurez commencé à faire les efforts nécessaires pour corriger ce qui doit être corrigé, pour adopter de nouvelles croyances et un nouveau schéma de fonctionnement, alors vous serez sur la bonne voie – et vous verrez que certains éléments se mettront d'eux-mêmes en place. Vous cheminerez ainsi vraiment vers les rêves et les buts qui sont trop longtemps restés enfouis en vous.

Soyons honnêtes: tout ne sera pas nécessairement facile. La route sera parsemée d'embûches. Vous devrez non seulement travailler, mais aussi faire preuve de volonté. Toutefois, le résultat que vous obtiendrez compensera largement les efforts que vous aurez déployés. Rappelez-vous que nous sommes perfectibles et que, par conséquent, nous devons travailler sans relâche à trouver la source ou les causes de nos comportements défaillants pour les corriger et ainsi réussir à tirer le meilleur de nous en toutes circonstances, les solutions que nous cherchons se trouvent d'abord en nous.

Par-dessus tout, et ce seront mes dernières lignes, si vous devez être attentif à vos besoins, comme je l'ai souligné à plusieurs reprises, que vous devez vivre pour vous, non pour les autres, vous devez aussi accepter de vous assumer vous-même. Ce n'est qu'à ce prix que vous réussirez à tirer le meilleur de vous et à devenir la personne que vous avez toujours voulu devenir.

Table des matières

Achevé d'imprimer au Canada
sur papier 30 % recyclé
sur les presses de Imprimerie Lebonfon Inc.

procédé   30 % post-   archives
sans   consommation   permanentes
chlore